DAVID ORRELL &
BORIN VAN LOON

ENTENDENDO:
ECONOMIA

Entendendo é uma premiada coleção de livros ilustrados sobre os pensadores e os temas mais importantes da história. Aborda teorias fundamentais de diversos campos de estudo, tais como filosofia, psicologia, ciências, política, religião, estudos culturais e linguística. Cada livro é escrito por um reconhecido especialista do assunto e ilustrado por um artista gráfico. De forma agradável, a coleção oferece informações úteis e objetivas para leitores que tanto buscam um primeiro contato, como desejam adquirir um conhecimento conciso sobre o assunto.

TRADUÇÃO: ROSÁLIA MUNHOZ

LeYa

Título original: *Introducing Economics*

Este livro foi revisado segundo o Novo Acordo Ortográfico da Língua Portuguesa.

Preparação: Paula Jacobini
Revisão: Juliana Caldas
Diagramação: Vivian Oliveira
Capa: Fabio Oliveira
Impressão: Lis Gráfica

Dados Internacionais de Catalogação na Publicação (CIP)
Angélica Ilacqua CRB-8/7057

Orrell, David
Entendendo economia / David Orrell, Borin Van Loon; tradução de Rosália Munhoz. – 2. ed. – São Paulo : LeYa, 2015.

ISBN 978-85-441-0355-5
Título original: *Introducing Economics*

1. Economia 2. Ciência 3. Filosofia 4. Matemática I. Título II. Van Loon, Borin III. Munhoz, Rosália

15-1132 CDD 330

Índice para catálogo sistemático:
1. Economia

LEYA EDITORA LTDA.
Av. Angélica, 2318 - 13º andar
01228-200 – Consolação – São Paulo – SP
www.leya.com.br

O QUE É ECONOMIA

Economia é o estudo de como mercadorias e serviços são produzidos, distribuídos e consumidos pela sociedade. Por se presumir que os recursos em geral têm um estoque baixo, esse campo foi descrito pelo economista inglês Lionel Robbins, em 1935, como "a ciência da escassez".

DINHEIRO ANTIGO

O pensamento econômico é pelo menos tão antigo quanto o dinheiro.

As moedas mais antigas eram feitas de metais preciosos, tais como ouro e prata. Acredita-se que elas surgiram por volta do século VI a.C., na atual Turquia, mas logo estavam em uso por todo o mundo civilizado, da Mesopotâmia à Pérsia, Índia e China.

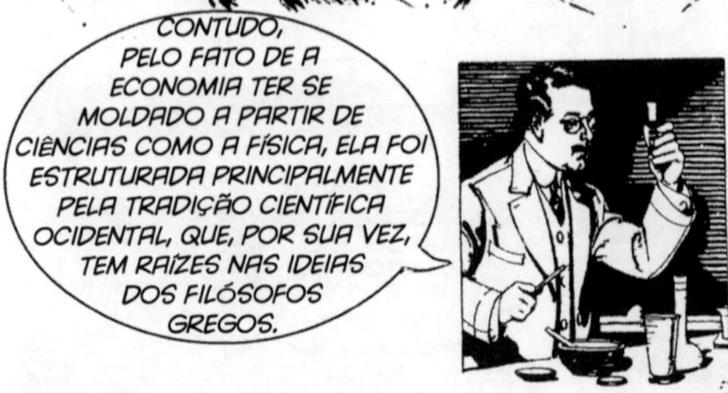

Iremos, portanto, iniciar nossa história há 2.500 anos, em uma caverna na Grécia antiga...

PITÁGORAS

Atualmente, o filósofo **Pitágoras** (aproximadamente 570 – 495 a.C.) é mais associado à matemática e a seu famoso teorema sobre triângulos retângulos que aprendemos na escola. Mas ele teve uma influência duradoura sobre a ciência em geral, inclusive a economia.

Pitágoras era considerado um semideus pelos gregos. Seu nascimento foi profetizado pelo oráculo de Delfos, e houve o rumor de que seu pai era o deus Apolo.

A escola de Pitágoras cresceu e se tornou um culto pseudorreligioso, baseado na devoção ao **número**. Os pitagóricos eram muito sigilosos e não deixaram documentos escritos, por isso, o que sabemos sobre eles é apenas de forma indireta.

A HARMONIA DAS ESFERAS

Os pitagóricos acreditavam que todas as coisas eram compostas por números. Cada número tinha um significado especial, quase mágico. O número mais sagrado era o número 10, simbolizado pela *tetractis*.

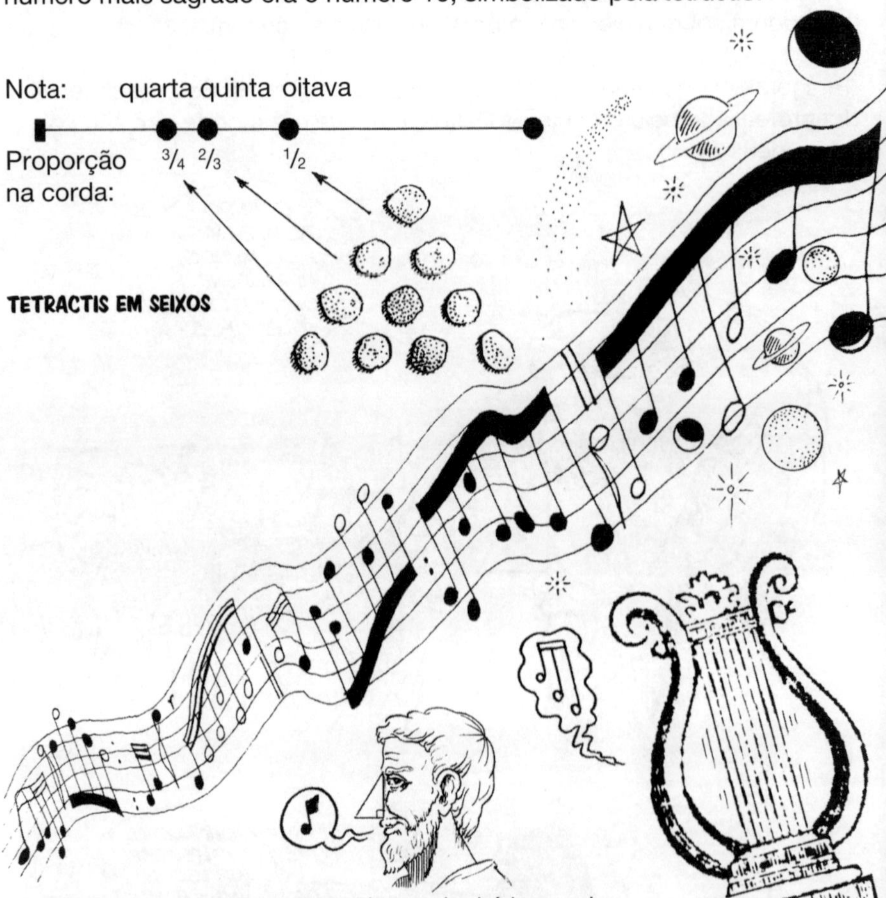

A descoberta de que a harmonia musical é baseada em proporções numéricas entre comprimentos de corda é creditada a Pitágoras. Pelo fato de a música ser considerada a mais misteriosa das formas de arte, isso deu sustentação à crença de que todo o cosmos era baseado nos números: o que Pitágoras chamou de harmonia das esferas.

A economia e o próprio dinheiro em si também são fundamentados na ideia de Pitágoras de que todas as coisas podem ser reduzidas ao número. De fato, acredita-se que Pitágoras estava envolvido na introdução da primeira cunhagem de moedas em sua região.

OIKONOMIKOS

A palavra “economia” derivou de uma obra do filósofo **Xenofonte** (431 – aproximadamente 360 a.C.), que foi influenciado por Pitágoras. Seu tratado *Oikonomikos* descrevia como empreender e organizar com eficiência uma propriedade agrícola.

Ele afirmou que tarefas complexas podiam ser melhor conduzidas por meio da divisão do trabalho. Uma vantagem de cidades como Atenas, que estava crescendo rapidamente em tamanho e complexidade, era a disponibilidade de uma variedade de especialistas. Em cidades menores, as pessoas tinham de executar mais tarefas por si sós, o que era menos eficiente.

Embora suas conclusões fossem alguns milênios anteriores às reflexões de Adam Smith sobre o mesmo tema (veja p. 60), em uma sociedade baseada na escravatura, a coordenação desses especialistas era uma tarefa para o administrador da propriedade, não para o mercado.

A REPÚBLICA DE PLATÃO

Platão (427 – 347 a.C.) aprimorou a ideia de uma propriedade com administração otimizada na obra *A República*, que descrevia uma sociedade utópica governada por reis filósofos conhecidos como "guardiões".

Toda tarefa, inclusive cuidar das crianças, seria distribuída a especialistas. A propriedade seria dividida de acordo com princípios matemáticos. O número máximo de cidadãos foi computado por Platão como sendo 5.040, que tem a propriedade de ser divisível pelos números de 1 a 10 e, em razão disso, pode ser facilmente dividido em grupos administrativos separados.

ARISTÓTELES

O aluno mais famoso de Platão foi **Aristóteles** (384 – 322 a.C.), que escreveu e ensinou temas variando de astronomia a medicina e ética. Ele acreditava que o único propósito do dinheiro era agir como um meio de troca. Como ele escreveu em *Ética a Nicômaco*, “todas as coisas são mensuradas pelo dinheiro”.

De acordo com Aristóteles, a distribuição justa de mercadorias podia ser determinada por diferentes fórmulas matemáticas, conhecidas como sistema pitagórico.

Do mesmo modo que a música era governada por números, assim o era a ideia de distribuição justa.

UM SISTEMA DE OPOSIÇÕES

Em sua *Metafísica*, Aristóteles atribui a seguinte lista de oposições aos pitagóricos que, por serem muito sigilosos, nunca a divulgaram.

Os pitagóricos associavam a coluna esquerda ao bem e a coluna direita ao mal. Essa lista foi influente no desenvolvimento do pensamento científico ocidental e, como consequência, no pensamento econômico.

LIMITADO *VERSUS* ILIMITADO

Por exemplo, a ideia de limites era importante para os gregos, inclusive para Aristóteles.

Aristóteles notou que os mercadores em geral acumulavam quantidades imensas de dinheiro apenas por meio da troca, mesmo quando eles mesmos não produziam nada. Então, em *Política*, ele distinguiu entre dois tipos de troca.

O segundo tipo de troca, artificial, ocorria quando as mercadorias eram trocadas pelo único propósito de fazer dinheiro. A usura (emprestar dinheiro a juros) era particularmente antiética, uma vez que ela permite que o dinheiro cresça sem restrições, violando os limites da natureza.

PROPAGAÇÃO DA PALAVRA

Aristóteles, como Platão, era um professor. Um de seus estudantes foi um jovem chamado Alexandre – um gênio militar que conquistaria uma área que se estendeu do Egito até parte da Índia.

Depois do colapso do império de Alexandre, o Grande, no século III a.C., o pensamento econômico ocidental entrou em uma espécie de congelamento profundo. Os ensinamentos de Aristóteles e outros pensadores gregos permaneceram trancados nas bibliotecas.

A IDADE DAS TREVAS

Os romanos estavam mais interessados em construir viadutos do que em fazer seminários de economia. Contudo, eles trouxeram enorme contribuição para o desenvolvimento do sistema legal, inclusive a proteção dos direitos de propriedade que estão na base do capitalismo.*

A culpa pela queda do Império Romano recaiu sobre muitos fatores, mas a economia foi, com certeza, um deles.

O declínio de Roma foi seguido por um período que ficou conhecido como Idade das Trevas, apesar dos historiadores de hoje em dia preferirem chamá-lo de Idade Média Arcaica (aproximadamente do século V a.C. ao século XI). O comércio e a importância das cidades declinaram, e a economia era baseada, em grande medida, na autossuficiência.

*Capitalismo é um sistema econômico baseado na propriedade privada dos meios de produção e no comércio de mercadorias para o lucro.

A IDADE MÉDIA

O pensamento econômico na Idade Média foi dominado pela religião, em especial a batalha entre o Cristianismo e o Islamismo. O foco era a ética.

O Velho Testamento continha muitas declarações sobre economia. Ele proibia a usura e, na Festa do Jubileu, a cada sete anos, todas as dívidas deveriam ser canceladas. A recompensa pelo trabalho duro era considerada justa, mas a busca da riqueza pela riqueza era desencorajada.

O Novo Testamento adotou uma linha de pensamento mais diretamente antinegócios – talvez porque a segunda vinda iminente de Cristo significasse o fim do mundo em sua forma presente. Isso tornava a busca por riqueza um tanto sem sentido.

O CRESCIMENTO DO ISLAMISMO

O que os europeus chamaram de Idade das Trevas foi uma época brilhante para o Islamismo. Ela foi marcada pela conquista da Arábia, do Norte da África, da Pérsia e de partes da Espanha pelos muçulmanos. O aumento do comércio trouxe um grande interesse pelo papel do dinheiro, que na época tinha um uso muito mais disseminado.

O erudito muçulmano conhecido na Europa como **Averróis** (Ibn Rushd, 1126 – 1198) nasceu em Córdoba, Espanha. Seu trabalho abrangia muitas áreas, incluindo leis, astronomia e tradução de Aristóteles.

Enquanto Aristóteles via o dinheiro como um meio de troca e medida de valor arbitrário, Averróis acreditava que o dinheiro, como Alá, era fixo e imutável. Daí ser um pecado para um governante diluir seu valor, por exemplo, reduzindo o conteúdo de metal precioso das moedas.

FEUDALISMO

A Europa cristã era organizada em um sistema hierárquico rígido conhecido como Feudalismo.

O maior e mais poderoso proprietário de terras era a Igreja. Junto com as ordens religiosas como os Cavaleiros Templários*, o sistema obteve grande sucesso em gerar poder militar – muito importante numa época em que a terra em geral era adquirida por meio de conquista em vez de um cartório de registro de imóveis, e a expressão "aquisição hostil" poderia ser compreendida ao pé da letra.

A Europa cristã, no fim, recapturou a maior parte do território que havia perdido para os muçulmanos. Isso levou a uma expansão imensa do tamanho de suas rotas de comércio e economia. Por meio das traduções de Averróis, Aristóteles foi redescoberto.

*Durante as Cruzadas, os Cavaleiros Templários criaram os primeiros bancos do mundo.

AS UNIVERSIDADES

Na prosperidade crescente do século XII, uma classe emergente de moradores de cidades e a redescoberta de antigos pensadores levaram a um interesse pelo aprendizado. De repente, as pessoas necessitaram de educação superior. Porém, para satisfazer essa demanda, elas precisaram inventar uma nova instituição: a universidade.

No centro do currículo estavam as obras de Aristóteles. Uma escola do pensamento econômico, conhecida hoje em dia como **Economia Escolástica**, com sede em Paris, teve como objetivo reconciliar as ideias de Aristóteles sobre o dinheiro e a propriedade com a teologia Cristã.

SÃO TOMÁS DE AQUINO

Essa síntese das doutrinas Cristã e Aristotélica alcançou seu ponto mais elevado com o frade dominicano **Tomás de Aquino** (1225 – 1274), que ensinou em Paris e Colônia. Aquino colocou grande ênfase na racionalidade da filosofia grega.

Seu conceito de um "preço justo" correspondia ao preço convencionalmente aceito, que seria mantido quando nem o comprador nem o vendedor fossem coagidos. Aquino permitiu que o preço por uma mercadoria pudesse ser acordado entre as duas partes pelo regateio, mas era injusto se uma das partes tirasse vantagem da outra – por exemplo, cobrando mais de uma pessoa faminta durante uma escassez.

COPÉRNICO

Um dos ensinamentos de Aristóteles era de que o Sol girava em torno da Terra. Essa ideia teve o apoio caloroso da Igreja, já que em sua interpretação ela colocava as maiores criações de Deus – nós mesmos – no centro do cosmos. No século XVI, contudo, o astrônomo polonês **Copérnico** (1473 – 1543) perturbou essa visão de mundo Aristotélico-Cristã ao afirmar, em um texto publicado pouco antes de sua morte, que seria muito mais simples, pelo menos de um ponto de vista matemático, pitagórico, se nós assumíssemos que a Terra girava em torno do Sol.

Em uma posição menos controversa, Copérnico também aconselhou ao rei da Polônia sobre como manter uma moeda.

NAVARRUS

As palavras de Copérnico foram ecoadas pelo monge dominicano **Navarrus** (1493 – 1586), que morava em Salamanca, na Espanha.

Embora o dinheiro ainda fosse considerado um meio essencialmente estéril de troca, ele também tinha sua própria dinâmica. Essa descoberta foi particularmente relevante, dada a quantidade massiva de ouro que estava começando a chegar à Espanha vinda das minas do Novo Mundo, graças aos esforços dos conquistadores.

MERCANTILISMO

A economia escolástica medieval focava em transações de pequena monta entre indivíduos (microeconomia) e era dominada por monges que haviam feito voto de pobreza. Na época da Renascença (dos séculos XIV ao XVII), a atenção estava mudando do micro para o macro, e de questões de ética para questões de como fazer dinheiro.

O sistema feudal estava sendo substituído por estados nacionais centralizados, militarmente poderosos e liderados por monarquias. Os avanços tecnológicos em navegação e expedições feitas por Colombo e outros navegadores levaram à abertura de novas rotas de comércio valiosas na América e na Ásia e a uma explosão no comércio mundial. Restrições à usura foram gradualmente moderadas. Um movimento político e econômico conhecido como **mercantilismo** surgiu, dedicado a construir e administrar o alcance e o poder das nações.

O SURGIMENTO DO IMPÉRIO

A primeira economia a se organizar totalmente de acordo com as diretrizes do mercantilismo foi a Inglaterra, no governo da rainha Elizabeth I. Sua frota naval, com o tempo, permitiria ao Império Britânico tornar-se o maior na história. Outros poderes ocidentais, particularmente a Espanha e a França, não ficaram muito atrás.

De acordo com o mercantilismo, a economia mundial era um jogo do qual os estados nacionais participavam, e seu objetivo era ganhar tanto "tesouro" quanto possível, em forma de ouro e prata. Em países sem minas de ouro e prata, como a Inglaterra, isso era consumado com o comércio, conquistas e trabalho duro – em parte suprido por escravos coloniais.

A quantidade total de riqueza no mundo era considerada fixa, então a economia era um jogo de soma zero. Como o empresário e economista inglês **Thomas Mun** (1571 – 1641) afirmou:

ECONOMIA MERCANTILISTA

Em vez de os eruditos monásticos ou filósofos, as novas ideias econômicas foram desenvolvidas por homens renascentistas de múltiplos talentos, incluindo funcionários públicos, jornalistas e empresários como Mun, que era diretor da Cia. das Índias Orientais.

Os economistas mercantilistas não tinham como objetivo descrever uma teoria abrangente da economia ou comportamento moral, mas focavam em questões técnicas específicas como comércio e moeda.

Eles afirmavam que o governo deveria usar tarifas de comércio, monopólio e subsídios para encorajar a exportação – trazendo com isso dinheiro para o país – e desencorajar as importações. O poder militar era essencial para encontrar e controlar novos recursos.

PODER DO ESTADO

A manutenção de um império era cara, então os governantes estavam constantemente tendo que levantar fundos. Eles também sofriam de outros problemas domésticos, tais como inflação (causada, como Navarrus havia previsto, pela expansão do estoque de moeda) e pobreza, trazida pelo rompimento da estrutura social medieval. Como a rainha Elizabeth comentou: “os pobres estão em toda parte”.

Em 1601, ela introduziu a Lei dos Pobres Elizabetana para ajudar. Contudo, os economistas em geral adotaram uma abordagem maquiavélica da economia. O objetivo era maximizar o poder do Estado.

Como **Jean-Baptiste Colbert** (1619 – 1683), ministro das Finanças no governo de Louis XIV da França, afirmou:

A FORÇA EM NÚMEROS

Uma grande classe operária era essencial para fornecer força de trabalho e um mercado interno. Como foi observado pelo escritor e jornalista **Daniel Defoe** (1659 – 1731):

O objetivo desses trabalhadores era gerar riqueza para a nação – não se elevar acima da subsistência. Os direitos do indivíduo eram subordinados aos do Estado.

Para maximizar a eficiência, os governos europeus administravam a economia meticulosamente. Colbert memoravelmente determinou que os tecidos de Dijon deveriam conter exatamente 1.408 fios.

MECÂNICA RACIONAL

Enquanto isso, voltando às universidades, pela primeira vez a ciência estava desenvolvendo uma alternativa viável e consistente à visão de mundo medieval baseada na cosmologia aristotélica. Copérnico havia mostrado que a Terra poderia não ser o centro do universo. Mais ou menos um século e meio mais tarde, **Isaac Newton** (1643 – 1727) obteve suas leis de movimento e a lei da gravidade em sua *Principia Mathematica* (1687).

ÁTOMOS

Newton, do mesmo modo que Galileu, acreditava que a matéria era feita de “partículas móveis sólidas, massivas, duras e impenetráveis” (ou seja, átomos), e sua lei do movimento forneceu uma “mecânica racional” que governava seu comportamento. Daí derivou, então, que o movimento de qualquer coisa poderia ser predito usando matemática.

Essa estrutura mecanicista **reducionista** forneceu um programa que os cientistas seguem até os dias atuais – e tem efeitos de grande alcance na economia.

MERCADOS MALUCOS

Com a idade de 53 anos, Newton aceitou a chefia da Casa da Moeda. Ele levou suas leis financeiras tão a sério quanto suas leis de física, e mandou vários falsários para a forca.

Infelizmente, ele descobriu que a economia era menos previsível que os movimentos das estrelas e dos planetas, e perdeu a maior parte de sua fortuna no colapso da "bolha dos Mares do Sul", em 1720.

NEWTON POR WILLIAM BLAKE

LUZES X ESCURIDÃO

Outros pensadores estenderam a metodologia reducionista à sociedade ou à economia, como parte de um movimento iluminista maior, nos séculos XVI e XVII, em filosofia e política, o que forneceu a matriz intelectual do capitalismo.

Filósofos como **Thomas Hobbes** (1588 – 1679) **John Locke** (1632 – 1704) afirmaram que o universo é inerentemente racional e pode ser compreendido pela razão combinada com a observação empírica*. Porém, sua visão de uma sociedade racional era claramente diferente da racionalidade dos escolásticos medievais. Em vez de uma ordem social pristina e fixa que refletia a ordem pré-ordenada do cosmos, os pensadores do Iluminismo viam a sociedade como um contrato social entre indivíduos com interesses próprios, interagindo como máquinas.

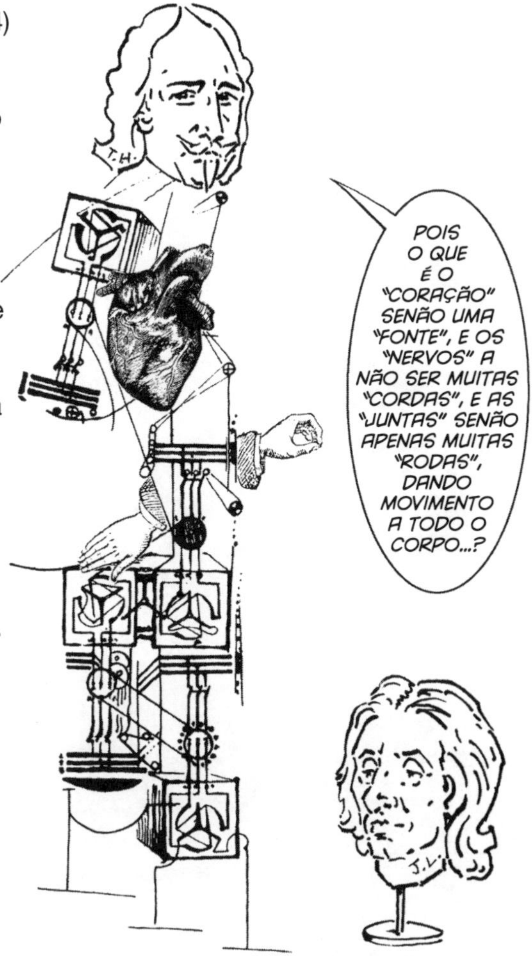

* "Empírico" significa baseado na experimentação, observação ou experiência, em vez de teoria.

LEVIATÃ

Em seu livro *Leviatã* (1651), Hobbes imaginou um estado pré-histórico sem limites e regras sociais. Em tal condição, a humanidade existiria em um "estado de natureza".

Em um mundo de indivíduos atomísticos, a hierarquia social foi criada somente pelo poder de uma pessoa sobre a outra. O único arranjo estável era, portanto, ter apenas um governante forte, já que qualquer outra coisa introduziria a divisão e a discórdia (sem dúvida, Hobbes foi influenciado pela eclosão da Guerra Civil, na Inglaterra, e da Guerra dos 30 Anos, na Alemanha).

AMOR AO LUCRO

Hobbes media o poder em termos estritamente econômicos.

Como consequência, as leis de Leviatã não eram um direito divino, mas fruto do consenso entre as pessoas.

Leviatã foi muito controvertido e disruptivo, mas Hobbes não estava sozinho em sua visão, de certo modo, cética e mecanicista da humanidade. E logo tornou-se lugar comum presumir, como o filósofo escocês **David Hume** (1711 – 1776) declarou mais tarde, que...

A TÁBULA RASA DE LOCKE

O filósofo inglês John Locke foi fortemente influenciado por alguns cientistas, entre eles Newton e o químico Robert Boyle.

Seu *Ensaio Acerca do Entendimento Humano* (1690) afirmava que nós entramos no mundo como iguais, com nossa mente como uma tábula rasa.

Como consequência, o comportamento de uma pessoa era em função de seu ambiente. Como partículas inertes, nossas trajetórias dependiam das forças que experimentávamos.

Ao contrário de Hobbes, Locke acreditava que o estado natural do homem era idílico e em harmonia com a "lei natural".

O CONTRATO SOCIAL

Dois Tratados sobre o Governo, de Locke, afirmava que o papel do Estado é proteger os direitos e a liberdade dos cidadãos. Um dos direitos-chave era o direito à propriedade, que Locke acreditava ser gerado quando as pessoas misturavam seu trabalho com o mundo material.

O trabalho do governo não é transferir esses direitos naturais de propriedade, mas protegê-los. Essa é a ideia de Locke de contrato social.

O VALOR DO DINHEIRO

De acordo com Locke, o dinheiro obteve seu valor porque, sendo feito de metal precioso, podia ser acumulado sem risco de deterioração. Portanto, a sociedade dá sua concordância tácita de que o dinheiro pode ser usado como um meio de troca.

A obra de Locke forneceu uma justificação política para a inviolabilidade da propriedade privada e a acumulação do dinheiro. Mais tarde, em 1787, também serviu como uma das principais influências para a constituição do novo governo americano.

UNIDADE X PLURALIDADE

As ideias de Locke e a crescente ênfase no individualismo constituíram um desafio direto à ortodoxia econômica prevalecente.

De acordo com o mercantilismo, o objetivo da política econômica era produzir mercadorias a custo baixo para exportação e, portanto, maximizar a parcela do país na riqueza monetária geral (que se presumia fixa). O sistema funcionava bem para a elite do Estado, mas menos bem para a classe emergente de comerciantes ricos.

Consequentemente, o foco mudou do Estado para o indivíduo, e dos produtores para os consumidores.

OFERTA E PROCURA

Porque os mercantilistas tinham como objetivo maximizar as exportações, eles favoreceram uma taxa de câmbio artificialmente baixa, o que tornava a produção das mercadorias mais barata em relação à produção de outros países. Porém, de acordo com a teoria de Locke da lei natural, o dinheiro obtinha seu valor a partir do consenso entre as pessoas e, portanto, estava sujeito às forças de oferta e procura – como era a taxa de juros "natural". Se o dinheiro fosse abundante, ele ganharia menos juros do que se fosse escasso.

Esse conflito chegou a um clímax com a crise da prata da Inglaterra, em 1690.

A CRISE DA PRATA

As moedas de prata inglesas haviam se tornado mais leves no decorrer dos anos, por causa da prática do governo de "apará-las" – removendo uma pequena porção de metal das bordas, para ser fundido e vendido.

Então, eles decidiram lançar novas moedas, mas não sabiam ao certo se restauravam a quantidade original de prata delas (como era defendido por Locke), ou as mantinham com sua nova quantidade menor (como era defendido pelos mercantilistas). Locke prevaleceu.

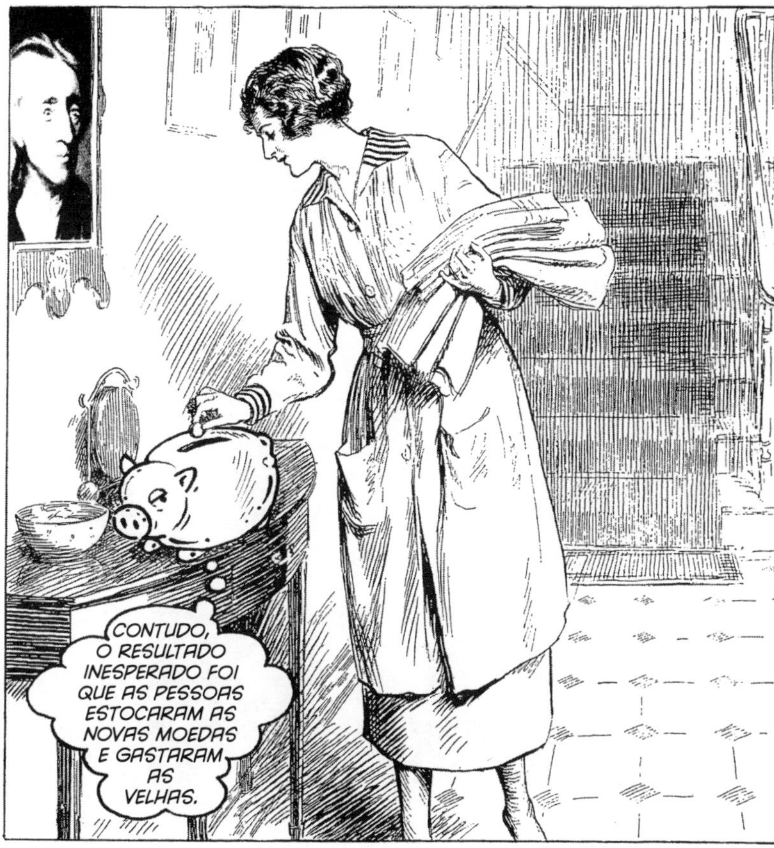

Esse é um exemplo da "Lei de Gresham", que recebeu seu nome em homenagem ao financista inglês **Sir. Robert Gresham** (1519 – 1579), o qual declarou que "dinheiro ruim expulsa o bom".

COMÉRCIO LIVRE

John Locke estava longe de ser o único crítico do mercantilismo. **Dudley North** (1641 – 1691) afirmava que o comércio não era um jogo de soma zero, mas tornava todos mais ricos ao promover a especialização – exatamente como Xenofonte havia observado na cidade-estado de Atenas.

Posteriormente, o filósofo David Hume assinalou que, em todo caso, era impossível manter uma balança de comércio constantemente positiva. Um excesso de exportação iria resultar em mais dinheiro entrando no país, o que causaria inflação. Os preços subiriam, resultando em menos exportações.

A CIÊNCIA DO DINHEIRO

Colocar o indivíduo, em vez da Igreja ou do Estado, no centro da economia era uma ideia quase tão revolucionária quanto a declaração de Copérnico de que a Terra gira em torno do Sol, em vez do contrário. A economia não era mais baseada na teologia, mas em teorias científicas sobre o comportamento humano.

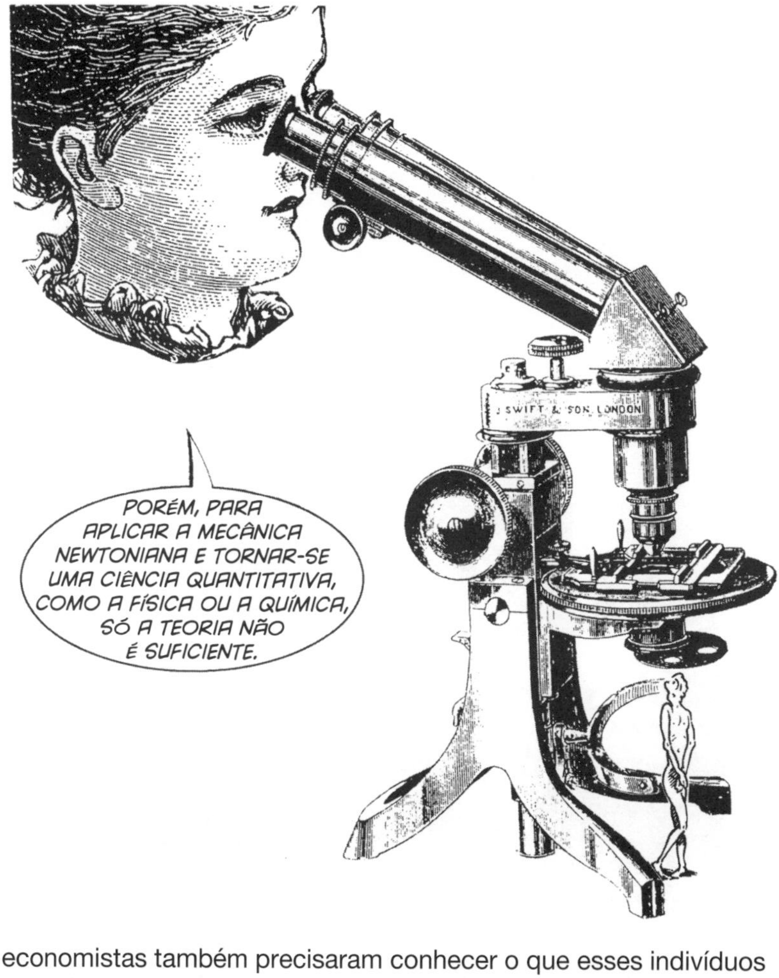

Os economistas também precisaram conhecer o que esses indivíduos estavam fazendo de fato. Em outras palavras, eles necessitaram de medições empíricas do tipo fornecido pelo economista, inventor, filósofo e entusiástico recolhedor de dados inglês, William Petty.

WILLIAM PETTY

William Petty (1623 – 1687) estudou medicina na Holanda, trabalhou por um tempo como secretário pessoal para Thomas Hobbes, depois arrumou um emprego como inspetor para Oliver Cromwell, na Irlanda. Por ser pago parcialmente em terras, ele se tornou um proprietário de terras significativo na Irlanda.

Voltando à Inglaterra, ele se tornou um membro fundador da Royal Society (outros membros foram Locke, Newton e outros cientistas importantes da época), e aplicou suas técnicas de inspeção para um exame da economia. Em obras como *Aritmética Política* (c. 1676) ele tentou responder a uma questão premente:

ARITMÉTICA POLÍTICA

Petty estimou que a população total – por volta de 6 milhões – gastava em média 7 libras por ano: um total de 42 milhões de libras. Esse gasto tinha que ser igual ao total de renda para terra, trabalho e capital*.

O passo seguinte de Petty foi presumir que as três classes de recursos – terra, trabalho e capital – compartilhavam a mesma taxa de retorno em um investimento a 5%. Isso significava que o valor total da força de trabalho deveria ser de 520 milhões de libras (no sentido de que 26 milhões de libras equivale a um retorno de 5% sobre a quantia de 520 milhões de libras).

* "Capital" faz referência a recursos que podem ser usados para mais produção. Daí "capitalismo".

PESOS E MEDIDAS

Em função da exiguidade de dados sólidos disponíveis, o trabalho de Petty se apoiava em suposições um tanto audaciosas. Entretanto, elas estavam absolutamente de acordo com o programa da Royal Society para colocar a ciência em um patamar quantitativo, e foi o primeiro passo em direção ao inventário nacional detalhado posto em prática hoje em dia.

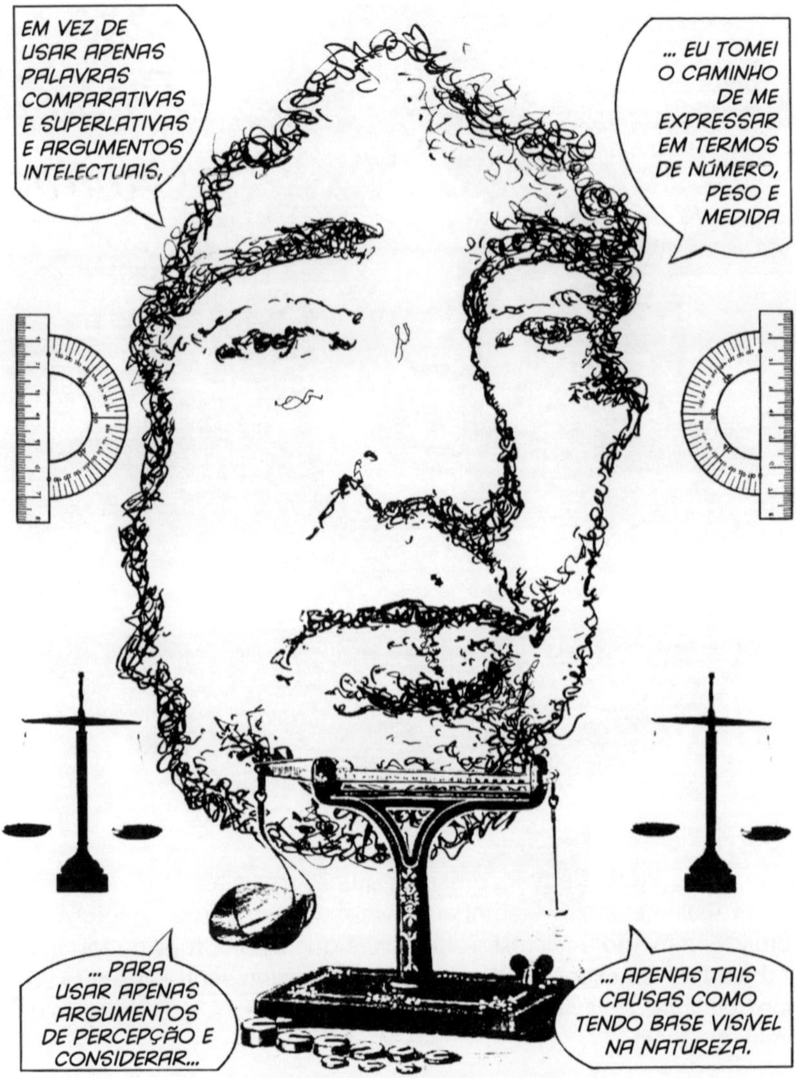

FAZENDO UM POUCO DE MASSA

A abordagem quantitativa de Petty foi levada mais longe por seu amigo, o negociante de tecidos **John Graunt** (1620 – 1674). Sua obra *Observações Naturais e Políticas* compilava listas de nascimentos e mortes em Londres, entre 1604 e 1661, e pode ser vista como o início dos campos de amostragem e demografia. Graunt usou registros de nascimentos para inferir o número de mulheres em idade de procriação, depois extrapolou para a população total a fim de obter uma estimativa de 384.000 mulheres.

FRANÇOIS QUESNAY

Na França, no governo de Louis XIV – também conhecido como o Rei Sol –, os valores do Iluminismo foram mantidos nas sombras, mas a censura foi relaxada em certa medida no reinado de Louis XV, levando a uma explosão da atividade científica em meados dos anos 1700.

Como muitos outros cientistas da época, incluindo William Petty e John Locke, **François Quesnay** (1694 - 1774) recebeu seu treino universitário em medicina. Locke serviu como médico pessoal para o Conde de Shaftesbury; o trabalho de Quesnay no palácio de Versalhes era de médico da amante de Louis XV, Madame de Pompadour.

OS FISIOCRATAS

A visão de Quesnay da economia foi influenciada pelas descobertas anteriores de William Harvey sobre a circulação do sangue no corpo humano. Do mesmo modo que o corpo depende do fluxo de sangue constantemente reciclado, a economia conta com a circulação constante de dinheiro.

E, do mesmo modo que a fonte de energia do corpo é o alimento, Quesnay acreditava que a fonte básica da riqueza é a agricultura. Todas as outras atividades econômicas eram "estéreis", significando que elas não geravam um excedente.

Juntamente com o Marquês de Mirabeau e outros, Quesnay formou um grupo conhecido como **Fisiocratas** (a palavra "fisiocracia" deriva do grego e significa "governo da natureza").

LE ZIG-ZAG

Com seus próprios periódicos e compêndios, os Fisiocratas são considerados o primeiro grupo, propriamente dito, de economistas.

Em *Tableau Économique,* publicado pela primeira vez em 1758, Quesnay mostrou como o dinheiro fluía entre as três classes de agricultores, proprietários e artesãos, do mesmo modo mecânico como o sangue flui entre os diferentes órgãos. A tabela – uma visão anterior do que hoje em dia é chamado de modelo macroeconômico – começa com um excedente inicial gerado pela agricultura. Esse dinheiro é então levado para lá e para cá entre os outros setores.

DERRAMAMENTO DE SANGUE

Pelo acompanhamento dessas transações complexas no decorrer de um ano, a tabela mostrava como o excedente agrícola era distribuído pela economia.

A tabela de Quesnay não era só um diagrama abstrato, pelo contrário: era baseada em estimativas quantitativas da economia francesa verdadeira. Quesnay também usou sua abordagem para computar a sensibilidade da economia em perturbações como a imposição de impostos.

O problema principal discutido em Versalhes era como reabastecer os cofres do Estado francês de modo a pagar a Guerra dos Sete Anos (1756 – 1763), muito dispendiosa.

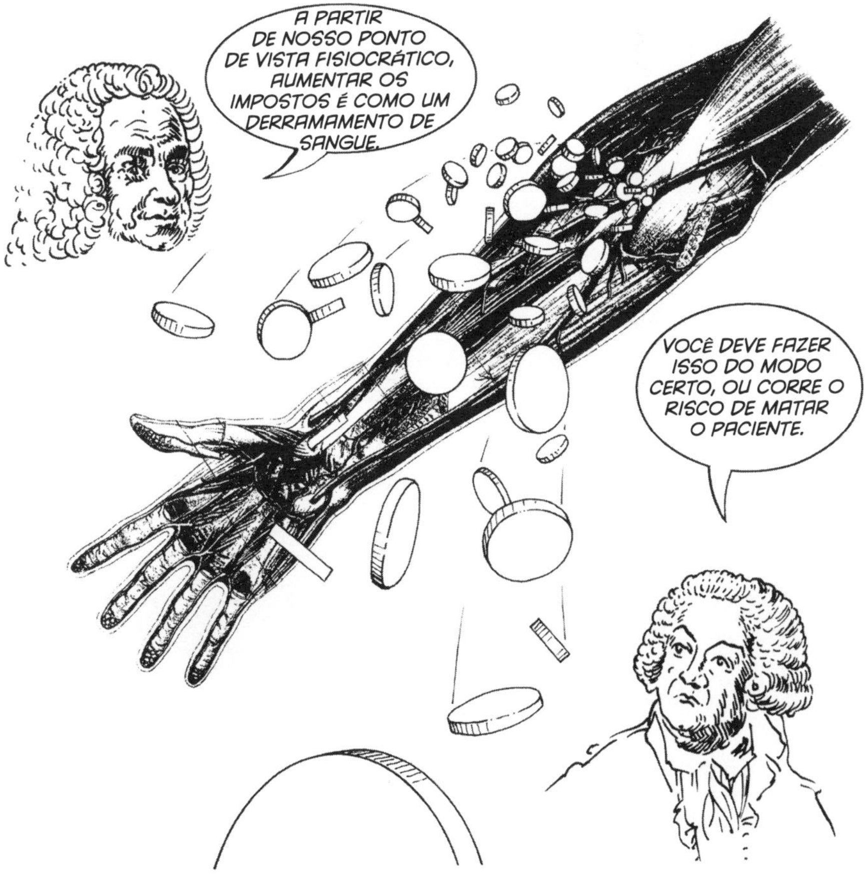

VÁ COM O FLUXO

Uma vez que a riqueza se originava da terra, consequentemente, o meio mais simples e menos distorcido para o Estado extrair dinheiro seria um imposto único sobre os proprietários de terras, que não faziam nada além de coletar aluguéis.

Dado que a economia francesa da época era governada por uma rede complexa de impostos, subsídios, restrições de comércio, controle de preços, guildas, monopólios, e por aí vai, essa proposta representou uma reforma radical.

JACQUES TURGOT

O programa fisiocrata foi seguido, em certa medida, por **Jacques Turgot** (1727 – 1781), que serviu como ministro das finanças.

Embora as ideias dos fisiocratas não tenham encontrado campo fértil na França pré-revolucionária, seu trabalho determinou que modelos teóricos eram necessários para compreender as decisões de governo, e contrariou a crença mercantilista de que a riqueza era devida apenas a trocas vantajosas. Sua abordagem de *laissez-faire* também se provou estimulante para um economista escocês que visitou os fisiocratas durante sua ida à França: Adam Smith.

ADAM SMITH

Adam Smith (1723 – 1790) é considerado o fundador da economia clássica.* Sua obra principal foi *A Teoria dos Sentimentos Morais*, escrita em 1759, enquanto empregado como professor de filosofia moral na Universidade de Glasgow, e *A Riqueza das Nações*, que ele começou durante uma viagem à Europa trabalhando como tutor.

O último livro foi publicado em 1776, no mesmo ano da revolução americana. Juntamente com o conceito de direito à propriedade de Locke, a obra de Smith exerceria uma influência profunda na constituição do novo governo americano.

Por volta da idade de 3 anos, Smith foi sequestrado por ciganos e mantido por algum tempo entre eles antes de ser resgatado.

*Economia clássica foi uma escola de economia que enfatizou a competição livre e o crescimento econômico. Ela foi substituída pela economia neoclássica, mais matemática, no fim do século XIX (veja da página 97 em diante). Além de Smith, economistas clássicos importantes foram Thomas Malthus (p. 63 a 66), David Ricardo (p. 70 a 73), e John Stuart Mill (p. 74 a 77).

O ILUMINISMO ESCOCÊS

Smith fez parte de um movimento conhecido como Iluminismo escocês. Seus contemporâneos foram David Hume e Sir. James Steuart, cujo tratado *An Inquiry into the Principles of Political Oeconomy* [Uma investigação sobre os princípios de economia política] introduziu a frase "oferta e procura" (embora seu estilo pesado fizesse com que o livro fosse pouco lido).

O grupo se caracterizou por sua crença otimista nos poderes da razão, e sua busca objetiva pelo que Hume chamou de "princípios universais e constantes da natureza humana".

Um bom exemplo foi a própria Escócia que, como resultado do Iluminismo e da união com a Inglaterra, estava sendo transformada de um lugar atrasado em uma das regiões mais avançadas da Europa.

A ERA DO COMÉRCIO

De acordo com Smith e outros membros do Iluminismo escocês, a história havia evoluído em quatro estágios:

Portanto, a economia de troca não havia surgido de um vácuo, mas representava a confluência de forças judiciais, políticas e econômicas.

O governo e o judiciário eram necessários para criar e fortalecer as leis. Como Smith escreveu em *Sentimentos Morais*, "A sociedade pode subsistir sem a beneficência, embora não na situação mais confortável; porém, a predominância da injustiça deve destruí-la completamente".

A SOCIEDADE MERCENÁRIA

A habilidade de sentir simpatia uns pelos outros é importante para azeitar as rodas da vida cotidiana.

Mas Smith afirmou que a coisa mais essencial que mantém uma sociedade coesa, além de uma estrutura legal apropriada, é o comércio.

Pode existir uma sociedade estável em que cada pessoa seja motivada somente por "uma sensação de utilidade, sem qualquer afeição ou amor mútuo".

A RIQUEZA DAS NAÇÕES

Em *A Riqueza das Nações*, Smith analisou – em linguagem compatível para o leitor com educação mediana – o funcionamento da economia de troca, e indagou como a riqueza era gerada.

Ele criticou os mercantilistas por confundirem a riqueza com a acumulação de dinheiro. Como com qualquer coisa, o valor do ouro ou da prata dependia do estoque. Um excesso de estoque de moeda simplesmente criaria a inflação. Portanto, Smith criou uma distinção entre preços **reais** e **nominais**.

UMA TEORIA DO VALOR DO TRABALHO

O ingrediente mágico que determinava o valor real de um item era o **trabalho** necessário para obtê-lo.

De acordo com Smith, esse "labor" não media apenas o esforço de produção. Em uma economia moderna, ele também tinha que incluir fatores como aluguéis e lucros.

O PREÇO NATURAL

Claro, não era possível medir o valor de algo a não ser por comparação com outro algo, como o dinheiro; portanto, os valores reais poderiam ser inferidos apenas a partir do preço nominal obtido no mercado. Este, por sua vez, dependeria da oferta e procura.

Isso levou à ideia-chave de Smith, ou seja, de que os mercados competitivos forçariam os preços a corresponderem a seu patamar "natural", definido como o preço de equilíbrio em que as contribuições de trabalho, terra e capital estivessem todas de acordo com seu valor real.

A LEI DA GRAVIDADE ECONÔMICA

Em um mercado competitivo, se uma mercadoria específica fosse excessivamente cara, então mais fornecedores entrariam no mercado, o fornecimento iria aumentar e a competição abaixaria o preço. Se o preço fosse muito baixo, então os fornecedores quebrariam ou abandonariam o mercado, e o preço subiria.

A MÃO INVISÍVEL

A beleza dos mercados livres foi eles atingirem essa façanha sem coerção, controle, ou mesmo intenção deliberada. Tudo que eles exigiram para funcionar foi que as pessoas seguissem seus próprios desejos.

Ao buscar seu próprio interesse, portanto, o indivíduo era "levado por uma mão invisível a promover um fim que não fazia parte de sua intenção". Não existia conflito entre o autointeresse e o bem social. A acumulação do capital não era um pecado, mas a fonte para investimentos e progresso social.

A ORDEM DO MERCADO

Consequentemente, a mão invisível explicava em uma tacada como os mercados alinhariam seus preços aos preços "naturais", distribuiriam recompensas justas para o trabalho, terra e capital; combinariam a oferta com a procura e, com isso, guiariam a sociedade para produzir aqueles itens e serviços que são mais necessários; e se autorregulariam sem a necessidade de interferência externa.

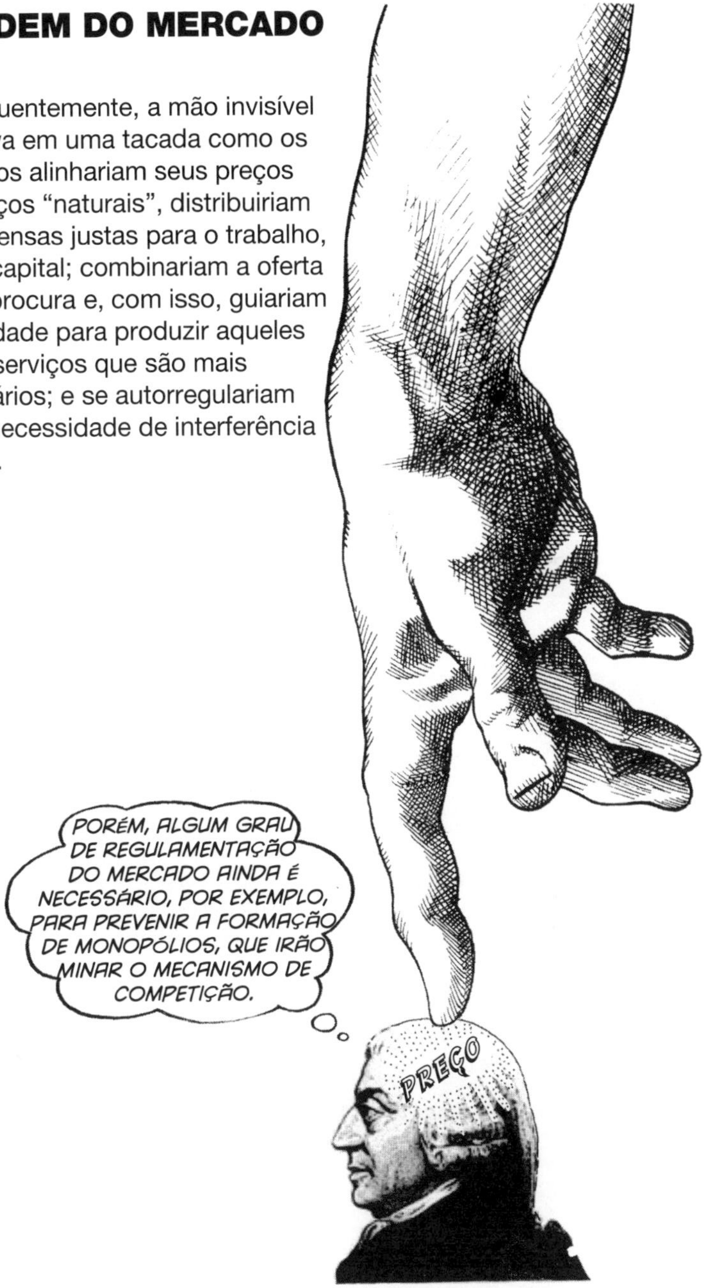

Smith também viu um papel restrito para o governo na ajuda com os serviços públicos, tais como estradas e educação.

DIVIDIR E CONQUISTAR

Smith afirmou, como Xenofonte antes dele, que um negócio pode se tornar mais eficiente se sua atividade é dividida em muitas pequenas tarefas, com cada pessoa se concentrando em apenas uma delas. Ele deu o exemplo de uma fábrica de alfinetes.

Tarefas especializadas também se prestam mais facilmente à mecanização.

MERCADOS CRESCENTES

A imagem da fábrica também se aplicava à sociedade como um todo. A melhor maneira de promover o crescimento econômico era aumentar o nível geral de especialização. Isso, por outro lado, requereria uma quantidade abundante de capital, necessário para manter os trabalhadores supridos com ferramentas e máquinas, mercados grandes em que as pessoas pudessem trocar suas habilidades e artigos, e um livre comércio entre as nações.

Os monopólios, tarifas e guildas de mercado fechado, que caracterizavam o mercantilismo, poderiam promover o crescimento econômico, mas, de fato, eles o retardavam. Na maioria dos casos, o melhor caminho para os governos otimizarem o crescimento era se eclipsar (*laissez-faire*).

A REVOLUÇÃO INDUSTRIAL

O conceito de crescimento econômico era relativamente novo, e nem teria ocorrido às pessoas na época medieval, quando as posições sociais eram determinadas pela tradição ou por comando, a propaganda era proibida, e a luta por progresso ou riquezas era claramente desaprovada.

Porém, a obra de Smith coincidiu historicamente com o nascimento da Revolução Industrial, na Grã Bretanha. A invenção recente de seu colega de Glasgow, James Watt, da máquina a vapor de movimento rotatório determinou que indústrias como as de mineração, tecelagem, agricultura, manufatura e transporte fossem radicalmente reestruturadas.

THOMAS MALTHUS

Em geral, os pensadores iluministas tinham uma visão otimista do crescimento econômico. Por exemplo, Smith afirmava que ele diminuiria a mortalidade infantil (o que em partes da Grã Bretanha era por volta de 50%), levando, portanto, a uma expansão da força de trabalho. Isso, por outro lado, manteria os salários sob controle.

O pároco e erudito inglês **Thomas Malthus** (1766 – 1834), entretanto, apontou uma imensa desvantagem em potencial.

Em seu *Ensaio sobre o Princípio da População*, Malthus afirmou que isso não poderia continuar, pela simples razão de que, no fim, o povo ficaria sem alimento.

CRESCIMENTO EXPONENCIAL

Para demonstrar sua tese, Malthus usou um modelo matemático minimalista.

Uma série geométrica ou exponencial é aquela que cresce a partir de uma multiplicação: 2, 4, 6, 8, 10...

Portanto, se os estoques de alimento crescem de forma linear, no fim eles serão superados pela população, independente de quão grande for o estoque inicial de alimento do país no início da série.

ESTAÇÃO FRACA

Caso a população se tornasse grande demais, a natureza sempre encontraria meios para lidar com a questão.

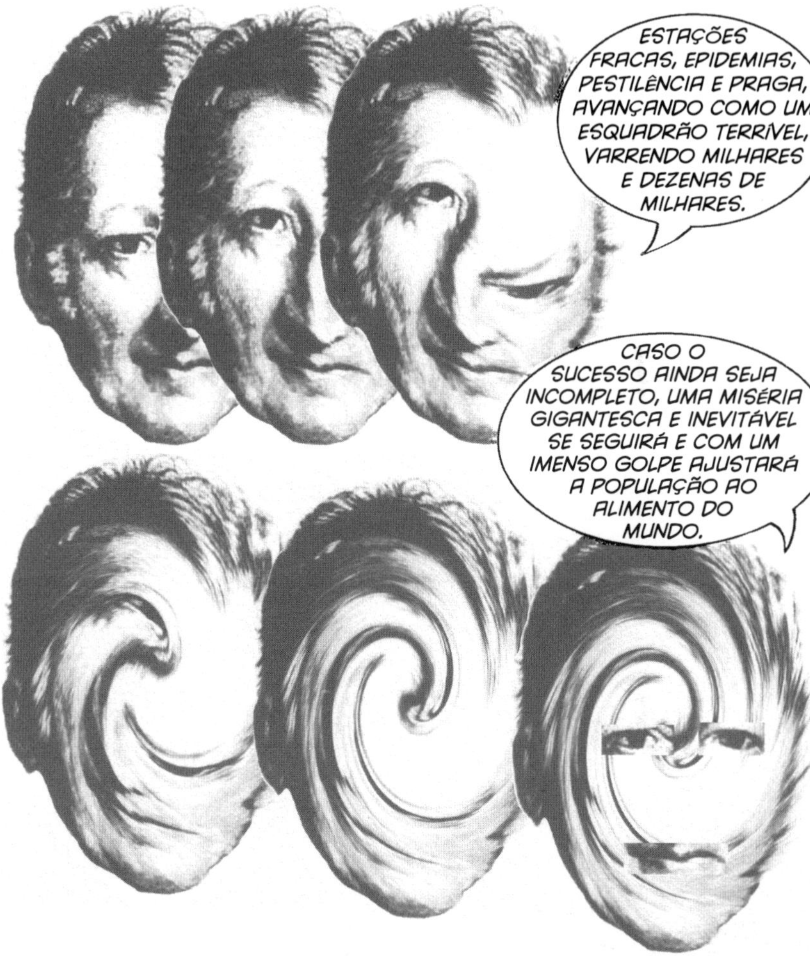

Por essa razão, Malthus se opunha à Lei dos Pobres, porque ela só encorajava que os pobres tivessem mais filhos.

O tom de Malthus, de certo modo sombrio, estava fora de compasso com a atmosfera expansionista da época, e ajudou a levar a economia a ser rotulada por Thomas Carlyle como a “ciência lúgubre”. Posteriormente, Karl Marx se referiu ao ensaio de Malthus como “uma calúnia sobre a espécie humana”.

A SOBREVIVÊNCIA DO MAIS ADAPTADO

O ensaio de Malthus foi uma influência-chave sobre a teoria de Charles Darwin da seleção natural e do estudo de sistemas ecológicos.

Para a demografia humana, entretanto, os cálculos de Malthus deixaram de levar duas coisas em conta: a habilidade da tecnologia de aumentar a produção de alimentos e a relação entre riqueza e fertilidade.

Quando um país fica mais rico, inicialmente, ele experimenta um rápido crescimento da população na medida em que as taxas de mortalidade caem – como na Inglaterra e nos Estados Unidos quando Malthus estava vivo. Contudo, essa taxa de crescimento em geral diminui no decorrer do tempo, porque pessoas ricas tendem a ter menos filhos.

JEREMY BENTHAM

Um ponto de vista mais feliz sobre a economia foi apresentado pelo filósofo, jurista e reformador social **Jeremy Bentham** (1748 – 1832), cuja filosofia **utilitária** exerceria uma influência profunda nas futuras gerações de economistas.

Em lugar da "lei natural" defendida por John Locke ou a moralidade cristã, Bentham acreditava que as leis e os códigos morais surgiam para ir ao encontro das necessidades de evolução da sociedade e deveriam ser planejadas de acordo com "o princípio da maior felicidade" – ou seja, elas deviam tornar disponível "a maior felicidade da maior parcela".

A CIÊNCIA HEDONISTA

“Utilidade” foi definida como aquilo que parece “aumentar ou diminuir a felicidade da parcela cujo interesse está em questão”. Ela poderia ser obtida de acordo com o “cálculo hedonista” pseudonewtoniano.

SOCIEDADE RACIONAL

O objetivo de Bentham era criar uma política social racional e esclarecida. "A natureza colocou a humanidade sob o governo de dois mestres soberanos: a dor e o prazer. O princípio da utilidade reconhece essa sujeição e a aceita para o fundamento desse sistema, cujo objetivo é nutrir a estrutura da felicidade pelas mãos da razão e da lei".

Quando ele morreu, em 1832, um dos termos de seu testamento era que seu corpo mumificado fosse exibido em uma caixa de vidro na University College London, com sua cabeça substituída por uma cópia de cera.

CABEÇA DE BENTHAM MAL EMBALSAMADA, UCL, LONDRES.

DAVID RICARDO

Os seguidores de Bentham foram o economista político **David Ricardo** (1772 – 1823) e John Stuart Mill (veja p. 74-77). O objetivo deles foi colocar a economia em uma base ao mesmo tempo lógica e utilitária.

Inicialmente, David Ricardo trabalhou como corretor de títulos, mas maximizou sua utilidade e se aposentou muito rico com a idade de 41 anos, por apostar contra Napoleão na batalha de Waterloo (ele comprou ações britânicas). Depois, ele serviu como membro do Parlamento.

Em seu *Princípios de Economia Política e Tributação* (1817), Ricardo desenvolveu uma teoria econômica que combinava uma teoria de valor do trabalho (veja p. 33 e 55) com algumas das ideias sobre crescimento populacional de seu amigo e parceiro de disputas intelectuais, Malthus.

ALUGUEL ALTO

Em seguida às guerras napoleônicas, o preço do grão (que faz referência às culturas de cereais em geral) na Inglaterra foi mantido alto por meio de um sistema mercantilista de tarifas de importação conhecidas como as Leis do Grão. O pão custava quase metade do salário dos trabalhadores, e os proprietários de terras estavam acumulando lucros (o que era estranho, uma vez que eles não executavam nenhum trabalho).

Ricardo analisou essa situação em termos abstratos, considerando o caso de uma população em crescimento que, na medida em que expande, é forçada a cultivar novas terras para plantar grãos.

REVOGANDO AS LEIS DO GRÃO

Os estoques de grãos aumentarão, o que (de acordo com Malthus) gerará mais crescimento populacional. Os salários aumentarão para acompanhar a inflação resultante. No fim, os lucros industriais declinam, os novos investimentos cessam e a economia alcança um estado estacionário de não crescimento. Os trabalhadores estarão ganhando mais em termos nominais, mas seus salários reais se mantêm empatados no nível de subsistência. Os únicos ganhadores são os proprietários de terras, que se beneficiam passivamente dos efeitos mecânicos das forças de mercado.

Existe apenas uma maneira de evitar essa estagnação: importar grãos. Isso cortará os lucros ganhos pelos proprietários de terras. Por essa razão, Ricardo defendia a revogação das Leis do Grão e a adoção do mercado livre.

VANTAGEM COMPARATIVA

A teoria de Ricardo da **vantagem comparativa**, que mostrava como o livre comércio estimulava o crescimento econômico, foi ilustrada com um exemplo simples: dois países – Portugal e Inglaterra – comercializando dois produtos – vinho e tecidos. Ele demonstrou que cada país se beneficiaria caso se concentrasse apenas na manufatura de qualquer um dos produtos que ele pudesse produzir mais barato, e importasse o outro. Portanto, o livre comércio era muito mais que um jogo de soma zero.

A análise simplificada de Ricardo ignorou muitos fatores complicadores – Joseph Schumpeter (veja p. 123-125), posteriormente, definiu o "vício ricardiano" como a prática de escolher pressupostos que dão o resultado desejado. Mas ele criou novos padrões para a lógica dedutiva em economia e inspirou pensadores futuros, de Karl Marx aos livre-cambistas modernos.

JOHN STUART MILL

John Stuart Mill (1806 – 1873) era o filho mais velho de James Mill, um amigo próximo de Jeremy Bentham. Ele foi criado em uma família com intensa atividade intelectual ligada ao Iluminismo racional, aprendendo grego com 3 anos, latim aos 8 anos e lendo Adam Smith e David Ricardo aos 13 anos.

Aos 16 anos, ele descobriu o utilitarismo, que o supriu com "um credo, uma doutrina, uma filosofia, em um dos melhores sentidos da palavra, uma religião". Com a idade de 20 anos, ele passou por uma depressão severa, mas recuperou-se ao desenvolver sua própria forma de política econômica que misturava o utilitarismo e a economia ricardiana em uma nova forma. Sua obra *Princípios da Economia Política* (1848) se tornaria o principal manual de economia de sua época.

EXPANDIR A RIQUEZA

Mill afirmou que a produção da riqueza era, em grande medida, conduzida por limitações e leis físicas, tais como a quantidade de terra disponível para a agricultura; mas a distribuição da riqueza era mais flexível e controlada por leis e costumes sociais.

A distribuição atual era "quase em proporção inversa ao trabalho".

Portanto, o papel do Estado deveria ser criar instituições que protegessem a liberdade pessoal (essencial para maximizar a utilidade), mas também apoiar uma distribuição justa e equitativa – por exemplo, por meio de impostos sobre a herança, e arranjos de distribuição de lucros para os trabalhadores.

MELHORIA HUMANA

Mills foi um reformador social empenhado, que via a economia como mais que um resultado passivo de leis econômicas mecânicas. Enquanto Malthus e Ricardo pensavam que as classes trabalhadoras permaneceriam presas sem escapatória à subsistência por sua tendência a produzir mais filhos como reação a qualquer aumento de salário, Mill acreditava que seu comportamento poderia ser modificado por meio de educação acerca do controle de natalidade e dos benefícios de famílias pequenas.

Em *A Sujeição das Mulheres* (escrito em 1861, publicado em 1869), Mill escreveu:

Ele também percebeu que o crescimento econômico e a expansão da população causavam dano ao ambiente, o que, em si, era uma forma de desutilidade.

ESTADO ESTÁVEL

Como Ricardo, Mill acreditava que a sociedade iria evoluir em direção a um estado estável, com capital e população chegando a níveis aproximadamente estáveis. Contudo, ele via isso em termos mais positivos que Ricardo. Em vez de representar um fim para o progresso, seria apenas um tipo diferente de progresso.

Mill escreveu em um tempo no qual alguns dos efeitos colaterais desagradáveis da industrialização estavam se tornando óbvios.

FAZER DINHEIRO

Nem todos os vitorianos estavam enamorados pela mudança tecnológica destruidora, ou por aglomerações urbanas, poluição decorrente da queima de carvão, ênfase na competição brutal, condições de trabalho em geral pavorosas e carga horária nas fábricas que podia ser de 80 horas ou mais por semana.

Em *A Situação da Classe Trabalhadora na Inglaterra em 1844*, um *bon vivant* de 24 anos de idade, vindo de uma família alemã rica, **Friedrich Engels** (1820 – 1895), que, voluntariamente, vivia "desconfortavelmente" em Manchester, escreveu uma crítica furiosa ao capitalismo inglês.

KARL MARX

O amigo de Engels, o filósofo, historiador e economista alemão **Karl Marx** (1818 – 1883), acreditava que essas injustiças sociais crescentes eram um traço inerente do capitalismo que, no fim, iria levá-lo à derrocada.

Os economistas clássicos, de Smith a Mill, viam a economia como consistindo de indivíduos atomísticos, todos em competição uns com os outros, e divididos entre classes de trabalhadores, proprietários de terras e capitalistas. Marx simplificou isso a dois protagonistas principais: trabalhadores (o proletariado) contra capitalistas. Os primeiros não possuíam riqueza além do seu trabalho, enquanto os últimos ganhavam um retorno sobre a propriedade.

MAIS-VALIA

Enquanto os economistas clássicos viam o trabalho como a fonte fundamental de valor, Marx observou que esse valor não era distribuído de modo justo, pois existia uma lacuna entre o valor produzido pelos trabalhadores e os salários recebidos por eles. Essa "mais-valia" representava o lucro extraído pelo capitalista – também conhecido como "Sr. Carteira".

Em *O Capital* (primeiro volume publicado em 1867, completado postumamente por Engels em 1885 e 1894), Marx afirmou que o equilíbrio de poder entre os capitalistas e a classe trabalhadora significava que o trabalho sempre seria tratado como uma mercadoria a ser explorada.

CRESCIMENTO E QUEDA

Marx foi um dos primeiros economistas a dar uma análise detalhada do ciclo de crescimento e queda dos negócios. Ele afirmou que eles eram uma consequência do mecanismo central do capitalismo, que era acumular capital e investi-lo em máquinas que poupassem trabalho. Depois de um tempo, esse processo criaria um excesso de produção, levando a uma crise em que alguns empresários faliriam (os economistas mais clássicos, incluindo Ricardo pensavam que um excesso de produção geral nunca poderia acontecer, porque a procura era ilimitada). Uma vez que os preços e a produção fossem suficientemente diminuídos, a procura seria restaurada, e o ciclo recomeçaria.

O vício do crescimento significava que as sociedades capitalistas nunca poderiam ficar satisfeitas com o estado estável de Mills.

REVOLTA DE CLASSE

Marx estimou o período do ciclo em mais ou menos dez anos. Contudo, o ciclo de negócios era apenas um componente de um padrão histórico mais amplo.

Marx acreditava que as "leis imanentes" do capitalismo significavam que a cada período de crescimento e queda, ele se tornaria ainda mais centralizado nas mãos de poucos. A produção industrial iria crescer, como também, a exploração e alienação dos trabalhadores. A falta de mobilidade social faria crescer o abismo entre os trabalhadores e os capitalistas, até que por fim resultasse na "revolta da classe trabalhadora":

O FIM DA HISTÓRIA

De acordo com a abordagem **dialética** do filósofo **Georg Hegel** (1770 – 1831), em que a luta entre ideias opostas leva a uma síntese e a um novo estágio na história, Marx viu o capitalismo apenas como um estágio em um processo histórico mecanicista. Do mesmo modo que as sociedades baseadas na escravidão das antigas Grécia e Roma deram lugar ao feudalismo, e o feudalismo produziu o capitalismo, as tensões entre os trabalhadores e os proprietários sob o regime capitalista causariam, inevitavelmente, o seu colapso, e ele seria substituído por um novo estado sem classe, que representaria a perfeição da sociedade e o fim da história – o comunismo.

DIGA QUE VOCÊ QUER UMA REVOLUÇÃO

Quando a revolução comunista falhou em chegar no tempo prescrito, alguns (incluindo Lenin) atribuíram a demora ao imperialismo que, temporariamente, ampliou o reservatório de trabalhadores exploráveis.

Porém, ao mesmo tempo em que Marx estava abrigado na Sala de Leitura do British Museum, trabalhando em tratados revolucionários comunistas, um tipo diferente de revolução que teria um impacto ainda maior no modo como as pessoas pensam sobre o dinheiro estava acontecendo no campo da economia.

A economia estava se tornando uma disciplina cada vez mais científica e especializada modelando-se a partir das leis newtonianas da física.

OFERTA E PROCURA

Na França, o matemático e economista **Antoine Augustin Cournot** (1801 – 1877) analisou o mecanismo de preço a partir de uma perspectiva matemática. Primeiro, ele desenvolveu a ideia de uma curva de procura.

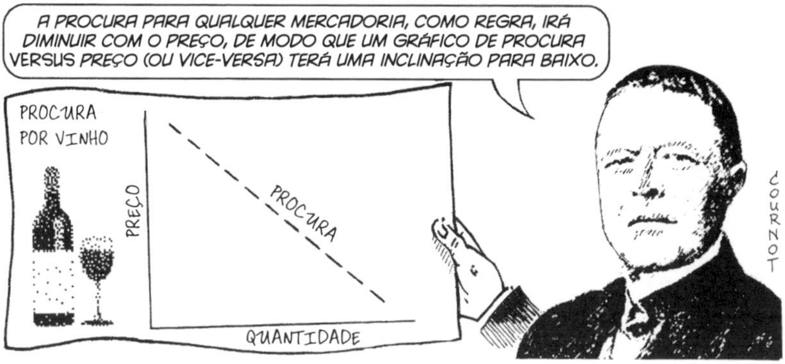

De modo semelhante, a oferta de uma mercadoria em geral irá aumentar com o preço. O ponto em que as linhas se cruzam representa um equilíbrio entre oferta e procura. **Fleeming Jenkin** (1833 – 1885), professor de engenharia na University of Edinburgh, ilustrou o relacionamento entre as duas linhas em seu ensaio de 1870 "On the Graphical Representation of Supply and Demand" (versões dessa imagem ainda aparecem em todos os manuais de introdução à economia). Os conceitos de oferta e procura haviam sido discutidos há séculos, mas agora eles estavam sendo expressos em termos formais, matemáticos.

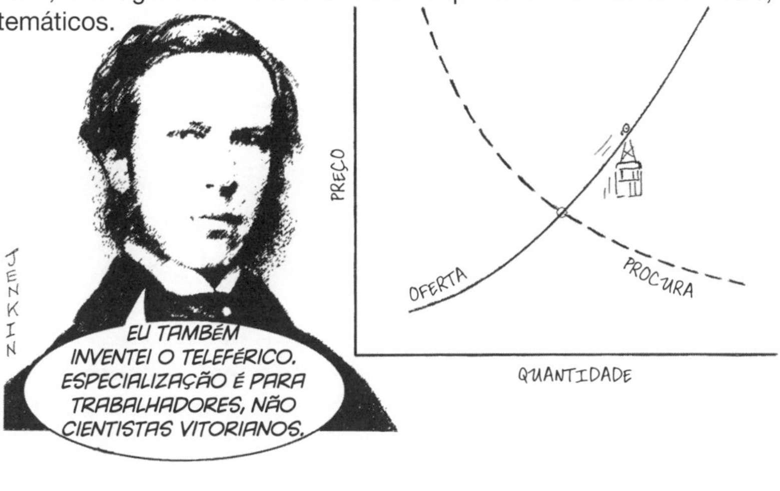

VERDADEIRA CIÊNCIA

O economista e polímata inglês **William Stanley Jevons** (1835 – 1882) foi mais longe ainda na matematização da economia. Lendo livros como *Riqueza das Nações,* de Smith, ele ficou impressionado pelas referências constantes a quantidades e medidas, e argumentou que isso seria um pequeno passo à tradução de ideias econômicas em uma linguagem matemática mais precisa.

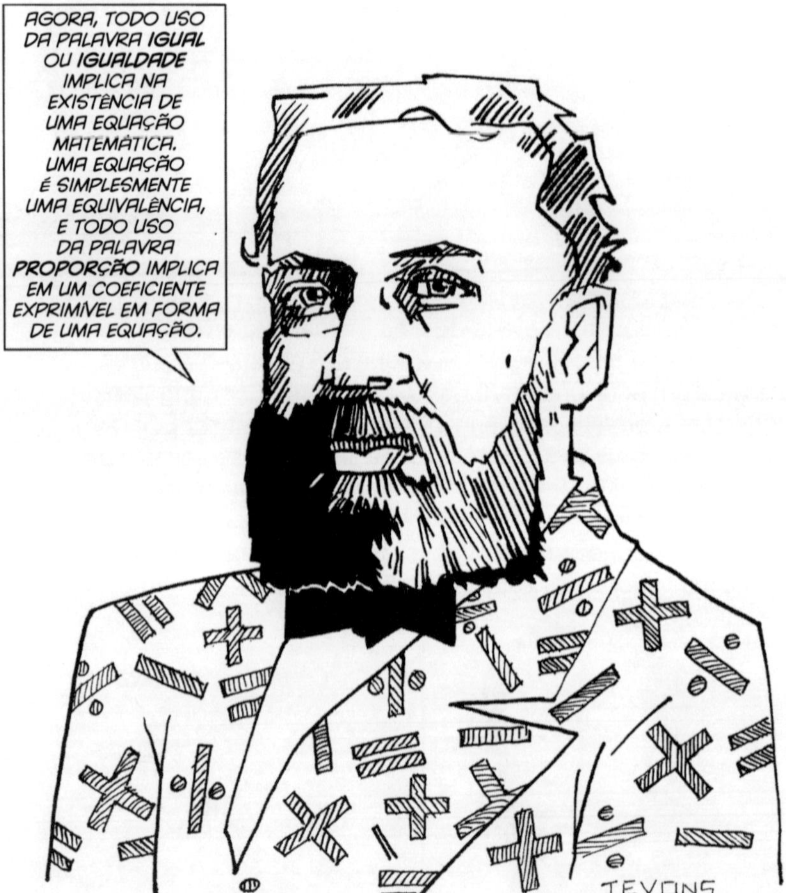

Jevons acreditava que "se a economia deve ser uma verdadeira ciência, ela não deve lidar apenas com analogias; ela deve raciocinar a partir de equações reais, como todas as outras ciências que alcançaram um caráter sistemático".

UTILIDADE MARGINAL

Jevons era um Benthamista, e acreditava que o propósito da troca econômica era maximizar a utilidade individual – ou, mais especificamente, a **utilidade marginal**. Esta é a utilidade da última unidade consumida ou produzida, sujeita às leis dos rendimentos decrescentes.

Por exemplo, um trabalhador continuará a trabalhar até que a dor (desutilidade) da última hora de trabalho equivalha ao prazer (utilidade) ganho por seu pagamento de hora em hora.

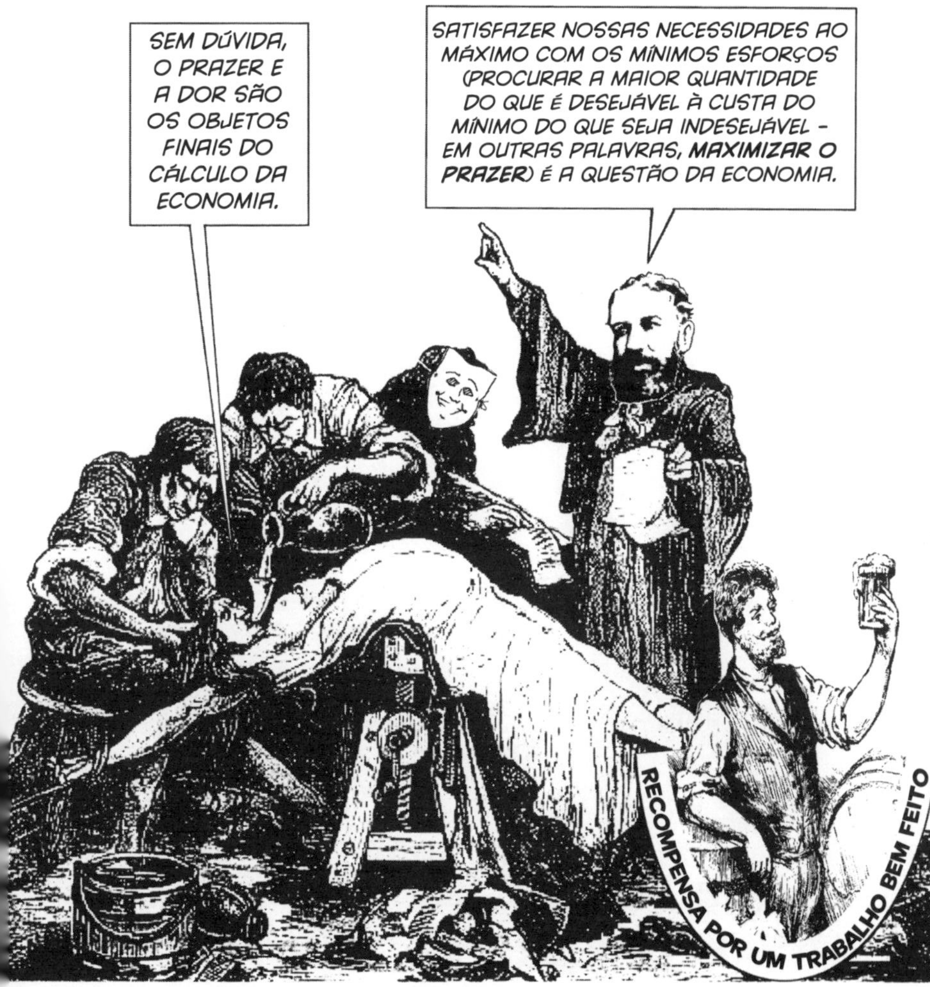

ECONOMIA RACIONAL

Ao assumir a maximização da utilidade, foi possível construir um conjunto de equações matemáticas que governam a troca. Por exemplo, Jevons demonstrou que a razão dos preços por mercadorias seria igual à razão de suas utilidades marginais.

Jevons viu essas equações baseadas em cálculos como equivalentes à mecânica racional newtoniana.

OSCILAÇÕES DE MERCADO

Claro, a utilidade não podia ser medida diretamente, mas, como Jevons ressaltou, outras áreas, incluindo a física, tinham o mesmo problema.

De fato, a economia tinha a vantagem sobre outras ciências no sentido de que existia uma riqueza de dados disponível no mercado: "Nós podemos estimar a igualdade ou desigualdade de sentimentos pelas decisões da mente humana... E suas oscilações são registradas minuto a minuto na lista de preço dos mercados".

O HOMEM COMUM

Outro problema ao computar ou medir a utilidade de uma mercadoria em especial era que, obviamente, essa utilidade iria variar de uma pessoa para outra. E também que os dados de preço estavam disponíveis apenas para transações agregadas de grupos grandes.

Jevons contornou esse fato afirmando que a economia podia ser compreendida por sua análise em termos do "homem comum", um conceito inventado pelo cientista francês **Adolphe Quetelet** (1796 – 1874).

MERCADOS IDEAIS

Como um físico trabalhando com problemas abstratos, em que efeitos como fricção são ignorados, Jevons analisou apenas mercados idealizados, nos quais a informação é disponível livremente e existe uma competição perfeitamente livre entre os participantes.

Ele também presumiu que os mercados competitivos iriam levar os preços a um estado de equilíbrio. Comparou o mecanismo de preços ao movimento de um pêndulo, que chega ao repouso no equilíbrio ideal entre oferta e procura.

Essa abordagem matemática contrastou com a teoria clássica do valor do trabalho – em que os preços das mercadorias refletiam o trabalho de sua produção ou aquisição – e neutralizou a denúncia de exploração de Marx.

LÉON WALRAS

Jevons havia focado em casos simples, tais como o preço de apenas uma mercadoria. Entretanto, como Cournot ressaltou, "o sistema econômico é um todo em que todas as partes estão ligadas". Por exemplo, o preço do trigo afetará o preço do pão, que afetará o custo de vida, que afetará o preço de outras mercadorias.

Porém, o economista francês **León Walras** (1834 – 1910) decidiu tentar, e apresentou um meio de simular mercados para múltiplas mercadorias.

ECONOMIA PURA

Em seu livro *Elementos de Economia Política Pura* (1874), Walras analisou um mercado imaginário em que os compradores e vendedores comercializavam uma gama de mercadorias e onde os produtores pudessem trocar seus recursos de um produto para o outro de modo a maximizar os lucros. Como Jevons, ele presumiu que os mercados eram perfeitamente competitivos, e que os participantes dos mercados agiriam racionalmente para maximizar sua utilidade.

O resultado foi um modelo matemático complicado, consistindo de um conjunto de equações que tinham de ser satisfeitas simultaneamente.

Ele também afirmou, mas nunca provou, que a solução deveria ser estável.

A MÃO QUE TATEIA

Enquanto Adam Smith viu o mercado em termos de uma mão invisível, Walras o pensou mais em termos de um processo de tatear – ou, em francês, *tâtonnement*.

Ele imaginou um leiloeiro que agia como um intermediário entre dois compradores e vendedores. O leiloeiro começaria com um preço inicial, depois o ajustaria até que os compradores e vendedores estivessem de acordo. O leiloeiro, portanto, "tateava" com suas mãos em direção ao preço.

O estado final desse processo era o ponto em que a procura equilibrava a oferta perfeitamente, e os preços ficavam em um equilíbrio estável.

VILFREDO PARETO

Quando Walras se aposentou de sua posição na Universidade de Lausanne, Suíça, ele foi sucedido por seu discípulo, o economista e sociólogo italiano **Vilfredo Pareto** (1848 – 1923).

Seu *Manual of Political Economy* [Manual de economia política], de 1906, aprimorou o equilíbrio Walsariano e ampliou suas bases matemáticas. Ele também introduziu o conceito de ótimo de **Pareto** (veja p. 132), definido como um estado em que qualquer mudança que torne uma pessoa mais rica reduz a riqueza de outra pessoa.

A REGRA 80/20

Hoje em dia, Pareto é mais famoso, ainda mais, por sua descoberta empírica do chamado **princípio de Pareto** ou **regra 80/20**. Ele observou que em um número de países e regiões nos quais pôde obter dados, 20% das pessoas controlava 80% da riqueza.

Além disso, a riqueza seguia uma distribuição em particular, conhecida agora como distribuição de **lei da potência** ou **escala livre**.

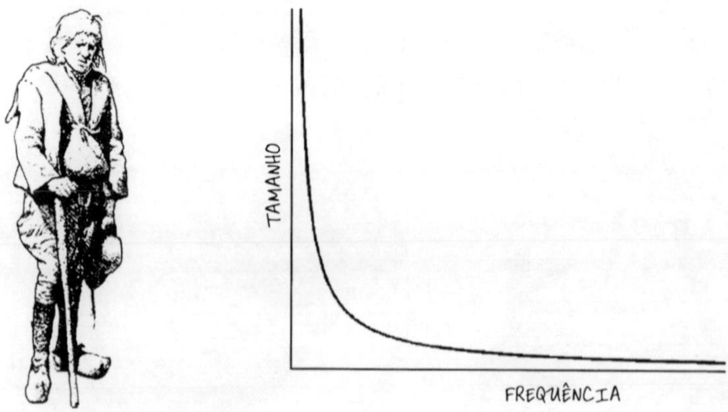

Muitos fenômenos naturais são distribuídos de forma semelhante. Por exemplo: se você dobra o tamanho de um terremoto, ele se torna quatro vezes mais raro. Em termos matemáticos, a frequência de um terremoto depende do tamanho por metro quadrado ou o tamanho elevado à potência 2 (daí "lei da potência").

ECONOMIA NEOCLÁSSICA

Juntamente com outros economistas como **Francis Edgeworth** (1845 – 1926), Jevons, Walras e Pareto estruturaram a base para o que hoje é conhecido como **economia clássica**. Ela ainda forma o núcleo da teoria ortodoxa ensinada em todo o mundo.

A teoria traçou uma comparação explícita entre a economia e a física, por exemplo, ao igualar utilidade ao conceito físico de energia; e ela presumiu, como Edgeworth determinou em *Psique da Matemática* (1881), que as ações de cada pessoa são dirigidas para "consumar o máximo de energia de prazer, o amor Divino do universo". Ela também incorporou a ideia do que seria conhecido como *Homo economicus* ou homem econômico racional.

EQUAÇÕES DE "PSIQUE DA MATEMÁTICA"

HOMEM ECONÔMICO RACIONAL

Todos os modelos matemáticos usados pelos economistas neoclássicos se apoiavam em determinados pressupostos simplificados sobre mercados, tais como competição perfeita, e também sobre o comportamento dos produtores e consumidores. A lei da oferta e da procura, por exemplo, considerava que as pessoas tinham preferências fixas por determinadas mercadorias que não variam com o tempo (já que, de outro modo, os preços nunca alcançariam o equilíbrio). Também se presumia que as pessoas tivessem acesso a todas as informações relevantes e agissem racionalmente para maximizar sua própria utilidade.

EM REPOUSO VERSUS EM MOVIMENTO

O outro pressuposto-chave da economia neoclássica era de que a economia é atraída em direção a um estado de equilíbrio estável. Do mesmo modo como em outros pressupostos, esse equilíbrio era parcial porque tornava mais fáceis os cálculos matemáticos. Como Jevons escreveu:

E o mesmo foi mantido para a economia. Entretanto, o pressuposto de estabilidade também era necessário se a economia fosse para ser vista como maximizando a utilidade – uma vez que se ela estivesse em um fluxo constante, então, em algumas épocas, ela deveria ser mais otimizada do que em outras.

Pythagoras

MANCHAS SOLARES

A existência de um equilíbrio subjacente ainda permitia perturbações aleatórias ou efeitos de longa duração, tais como o ciclo de negócios.

Jevons tinha uma teoria de que o ciclo de negócios era controlado pelas manchas solares.

Infelizmente, o ciclo de negócios comum, que Jevons coloca como sendo de dez anos e meio, não se ajusta perfeitamente ao ciclo das manchas solares. Isso o levou a uma longa discussão com astrônomos sobre a qualidade de suas observações solares.

UM CAMPO ESPECIALIZADO

No fim do século XIX, os economistas haviam conseguido, em grande medida, transformar sua área de um ramo da filosofia política em um campo especializado com seus próprios periódicos acadêmicos e departamentos em universidades. A American Economic Association foi fundada em 1885, e a London School of Economics abriu suas portas em 1895.

Com a visão neoclássica de um mundo mecanicista em que indivíduos racionais, independentes e atomísticos interagem como partículas inertes governadas por regras fixas, a economia também estava se tornando mais matemática do que nunca – a um ponto em que aqueles sem treino matemático estavam começando a se sentir excluídos.

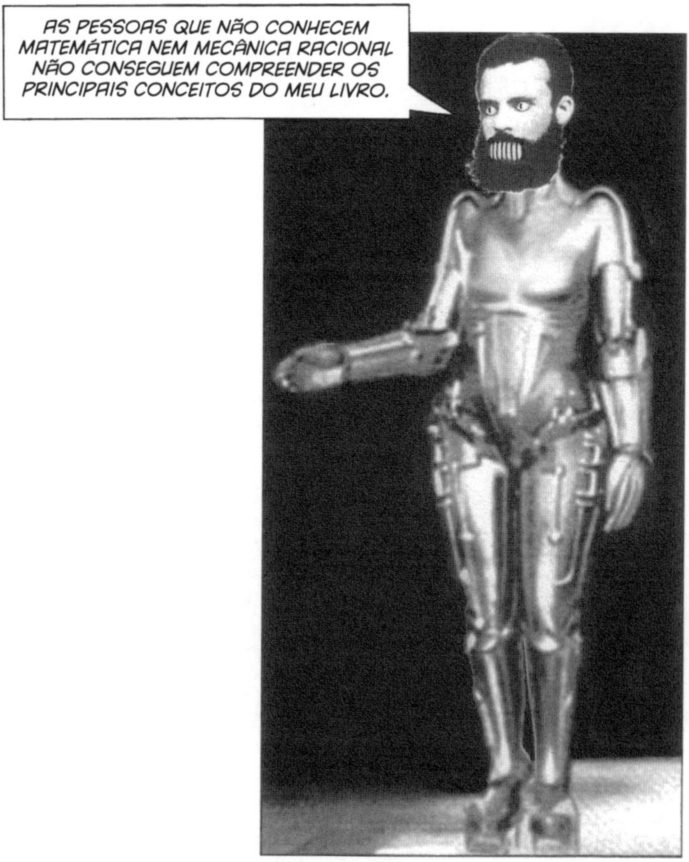

ALFRED MARSHALL

O programa neoclássico foi desenvolvido ainda mais pelo matemático, que se transformou em economista, **Alfred Marshall** (1842 – 1924). Seu *Princípios de Economia*, de 1890, foi amplamente usado como manual até os anos 1950. Ele fez muito para popularizar ideias como oferta e procura e utilidade marginal, e introduziu o conceito de **elasticidade de preço**.

Em termos matemáticos, a elasticidade é relacionada inversamente com a inclinação da curva de procura.

QUEIME A MATEMÁTICA

Embora Marshall tenha usado a matemática em seu próprio trabalho, ele também insistiu sobre a importância de explicar as ideias usando palavras. Ele descreveu seu método como segue:

(1) Use a matemática como uma linguagem de atalho, em vez de um engenho de investigação.
(2) Mantenha-a até ter terminado.
(3) Traduza para o inglês.
(4) Depois ilustre com exemplos que são significativos na vida real.
(5) Queime a matemática.
(6) Se não tiver sucesso em (4), queime (3). Isso eu faço com frequência.

CARL MENGER

Um componente separado da teoria da utilidade marginal foi desenvolvido por **Carl Menger** (1840 – 1921) na Universidade de Viena. Ele concordou com Walras e Jevons de que a utilidade está sujeita às leis dos rendimentos decrescentes (a primeira maçã a ser comida é mais útil que a última). Mas ele viu a utilidade das mercadorias como medida, não do prazer, mas de sua habilidade de satisfazer necessidades humanas, que variarão de pessoa para pessoa.

VALOR SUBJETIVO

Menger acreditava que a economia precisava focar no comportamento dos indivíduos em vez de grupos ou agregados, porque apenas os indivíduos podem agir e tomar decisões.

Uma implicação dessa "teoria subjetiva do valor" foi que os indivíduos, em vez dos governos, se tornaram mais capazes de decidir o que é bom para eles. Outra foi que as teorias econômicas não podem ser testadas do mesmo modo que as teorias físicas, porque as pessoas não são objetos inertes. Não é possível executar experimentos controlados cientificamente com elas sem alterar seu comportamento.

A MÃO EMERGINDO ESPONTANEAMENTE

Menger viu a economia em termos evolutivos, e afirmou que instituições, incluindo a propriedade privada e o sistema monetário, surgem espontaneamente como soluções para necessidades humanas, e não quando precisam ser planejadas ou estruturadas conscientemente.

As ideias de Menger teriam uma forte influência em um grupo que se aglutinou (espontaneamente) em torno dele, conhecido como **Escola Austríaca**. Seus seguidores incluiriam Joseph Schumpeter e Friedrich von Hayek, que mais tarde desenvolveu a teoria da ordem espontânea, discutida adiante (p. 123-6).

JOHN BATES CLARK

A teoria da utilidade marginal também se enraizou nos EUA. Em sua obra de 1899, *A Distribuição da Riqueza*, **John Bates Clark** (1847 – 1938) desenvolveu uma teoria da produtividade marginal, que afirmava que os salários ganhos pelo trabalho e as rendas ganhas pelo capital se equilibravam com sua contribuição marginal para a produção. "A distribuição de renda para a sociedade é controlada por uma lei natural... Essa lei, se funcionasse sem atrito, daria a cada agente da produção a quantia de riqueza que aquele agente criasse". Ou, simplificando: em uma sociedade competitiva, cada um recebe o que merece. O sistema capitalista era, portanto, a melhor maneira de distribuir riqueza. Clark foi parcialmente motivado por sua antipatia ao comunismo, cujos seguidores americanos ele descreveu como sendo de "caráter imprestável ou criminoso".

Clark usou a metáfora de um oceano para explicar a ênfase dos marginalistas na estabilidade de longo prazo.

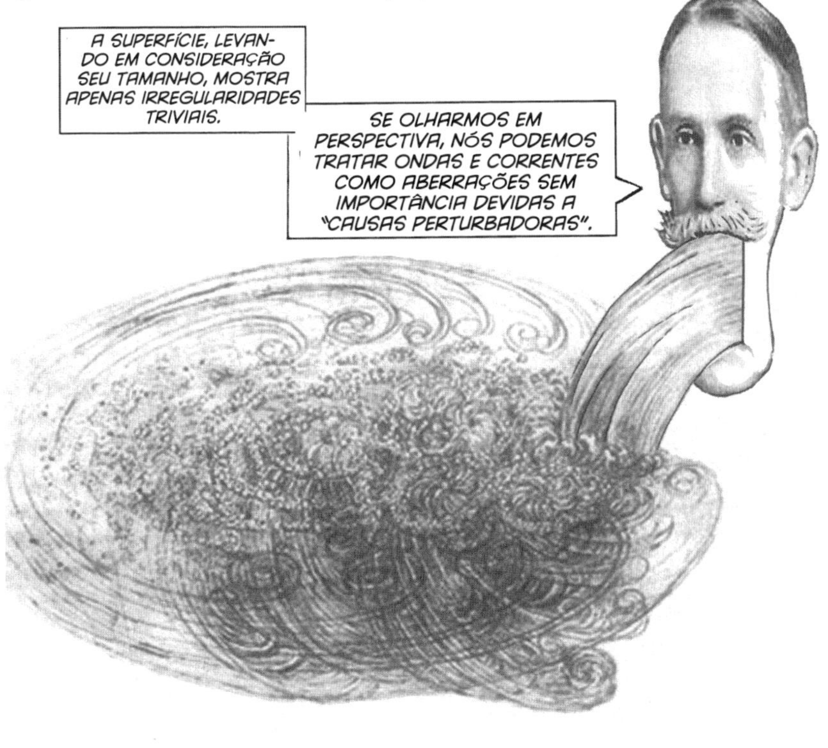

ECONOMIA DE ESCALA

A imagem neoclássica de mercados estáveis, consistindo de muitas pequenas empresas em competição direta umas com as outras, pode ter sido matematicamente manejável, mas ela não se adequou muito bem a situações na América da virada do século, onde companhias gigantes como American Telephone and Telegraph, Heinz, Campbell Soup, Quaker Oats, Procter and Gamble, Eastman Kodak e Westinghouse exploraram a economia de escala para expandir seu alcance.

Em vez da lei dos rendimentos decrescentes, o que se tinha era a lei de conseguir o máximo no menor tempo. Os monopólios e cartéis eram um problema constante, e as ferrovias usaram sua posição para controlar a distribuição e aumentar o preço dos fretes.

CONSUMO CONSPÍCUO

A economia foi dominada por magnatas como John D. Rockfeller (petróleo), J. Pierpont Morgan (banco) e Andrew Carnegie (aço), juntamente com uma classe ociosa em expansão que afirmava sua posição por meio do que o economista **Thorstein Veblen** (1857 – 1929) chamou de "consumo conspícuo". Ele observou que mercadorias luxuosas podiam de fato se tornar mais atraentes quanto mais fossem caras, o que contradisse a pressuposição neoclássica de curvas decrescentes de procura.

Veblen era um aluno de John Bates Clark, mas rejeitou suas teorias marginalistas em favor de uma visão mais antropológica da economia, conhecida como **institucionalismo**, que enfatizou o papel das normas socialmente aceitas e instituições. Ele analisou o rico do modo como um antropólogo devia analisar os chefes de uma tribo amazônica.

A CLASSE OCIOSA

Veblen foi uma espécie de iconoclasta que, por muito tempo, considerou difícil manter um emprego. Ele escreveu de forma ofensiva tanto sobre os ricos quanto sobre a teoria econômica tradicional. Em seu *Teoria da Classe Ociosa* (1899), ele ridicularizou a imagem utilitária e equilibrada do homem econômico racional:

Dentre os sucessores de Veblen está o canadense **John Kenneth Galbraith** (1908 – 2006), cujos livros atraíram a atenção para o contexto cultural das decisões econômicas, tais como o modo como a propaganda molda a preferência dos consumidores.

IRVING FISHER

Uma análise mais seca e convencional da economia foi fornecida pelo economista matemático **Irving Fisher** (1867 – 1947). Possuidor do primeiro Ph.D em economia concedido pela Yale University, ele continuou a desenvolver ou popularizar muitas das ideias-chave dos economistas modernos.

A equação de Fisher, por exemplo, mostra como calcular a taxa de juros real *r*, levando em conta a inflação.

Em uma primeira estimativa, $r = n - i$, em que n é a taxa de juros nominal ou observada, e i é a taxa de inflação.

TEORIA QUANTITATIVA

Fisher também desenvolveu a **teoria quantitativa da moeda**, baseada na equação de Fisher $MV = PT$. Ela afirma que a quantidade de moedas em circulação M, multiplicada pela taxa média (ou velocidade) em que o dinheiro muda de mãos V, é igual ao nível médio de preços das transações P multiplicado pelo volume total de transações T.

O lado esquerdo da equação MV representa o fluxo da moeda pela economia – se uma nota de R$ 10 muda de mãos quatro vezes em um ano, então ela representa R$ 40 em total de transações. O lado direito da equação PT agrega em todo um país quantias às quais hoje damos o nome de Produto Interno Bruto (PIB).

DINHEIRO RÁPIDO

Esse relacionamento, essencialmente, é uma descrição contábil, que foi indicada por outros economistas, incluindo William Petty. Fisher a aplicou ao afirmar que *V* e *T* são fixos no que diz respeito ao estoque de moeda; portanto, se o estoque de moeda é aumentado, digamos, em 5%, então o preço também aumentará em 5%.

A equação de Fisher formou a base do **monetarismo**, cujo expoente mais conhecido foi Milton Friedman (veja p. 137).

COLAPSO

Fisher foi o economista mais famoso de sua época, escrevendo e ensinando sobre uma variedade de temas que incluem algumas curas pouco ortodoxas para a saúde, e ele ficou muito rico. Mas sua reputação, bem como sua riqueza, foi prejudicada pelo grande colapso de 1929 da bolsa de valores.

Mais tarde, Fisher avisou, com mais precisão, que a Grande Depressão estava sendo exacerbada pela deflação, que teve o efeito de tornar as dívidas ainda mais difíceis de liquidar. Entretanto, naquela época, as pessoas estavam procurando outra celebridade da economia para aconselhamento: John Maynard Keynes.

JOHN MAYNARD KEYNES

A Grande Depressão, que teve sua origem nos Estados Unidos, logo se espalhou em um efeito dominó por todos os países industrializados, quando foi exigido o pagamento das dívidas internacionais, em 1933. O desemprego chegou a 25% em vários países. A insatisfação social resultante ajudou a levar o partido nazista ao poder na Alemanha.

John Maynard Keynes (1883 – 1946) havia trabalhado para o governo britânico durante a I Guerra Mundial, e representou a Grã Bretanha na Conferência de Paz de Versalhes.

Em 1933, Keynes publicou *The Means to Prosperity*, que afirmava que o desemprego poderia ser reduzido por gastos públicos contracíclicos (ou seja, gastar para estimular a economia nas épocas em que os ciclos de negócios estão em baixa). Esse livro foi seguido por sua obra-prima, *Teoria Geral do Emprego, do Juro e da Moeda* (1936).

O PARADOXO DA PARCIMÔNIA

O tratamento clássico para o desemprego era deixar os salários caírem, até que a busca por trabalho alcançasse a oferta, e cortar as despesas, para compensar a queda de arrecadação de impostos. Keynes acreditava que essas políticas eram equivocadas.

A economia poderia facilmente se tornar refém em um estado de equilíbrio autossustentado por baixa demanda e alto desemprego, em que qualquer dinheiro extra fosse reservado em vez de colocado no trabalho ou investido em maquinários (ao contrário da suposição de Adam Smith). Na linguagem da teoria da quantidade, a velocidade do dinheiro iria desacelerar.

O EFEITO MULTIPLICADOR

Portanto, o governo teria de intervir ativamente, por exemplo, gastando dinheiro em projetos públicos como ferrovias. Keynes afirmava que esse tipo de gasto público também se beneficiava de um efeito multiplicador.

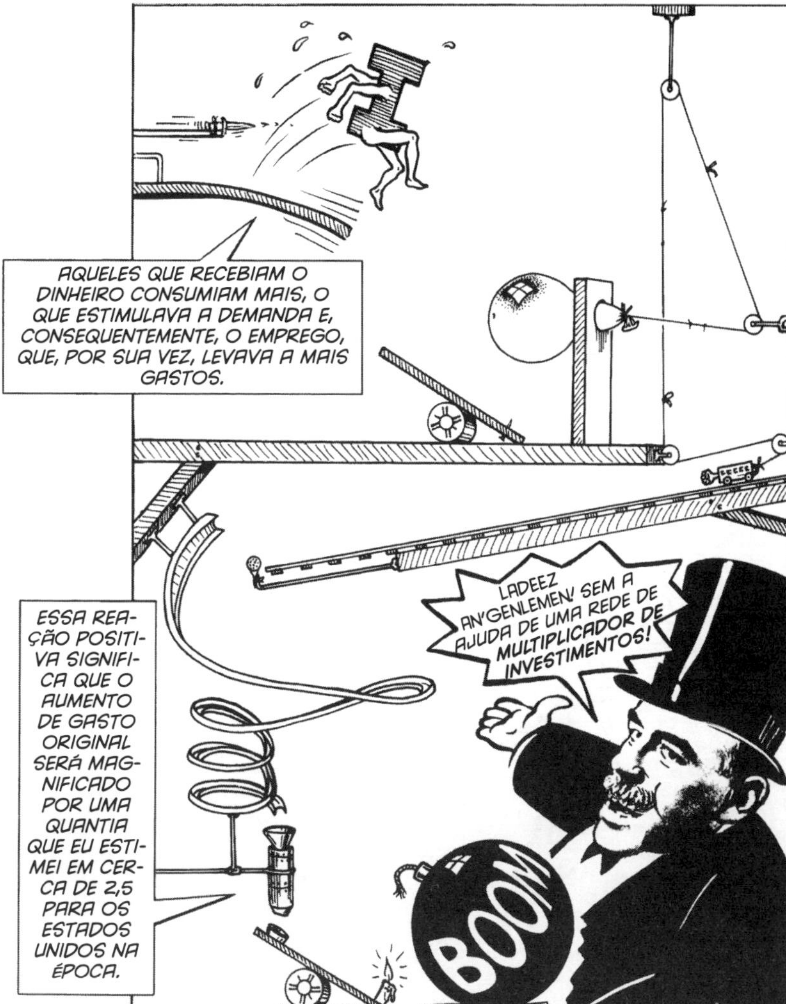

A política monetária – isto é, aumentar o estoque de moeda (veja p. 137) – seria menos eficiente em uma recessão, porque o dinheiro seria poupado em vez de gasto.

ESPÍRITO ANIMAL

Embora tenha sido formado como matemático, Keynes tinha consciência das limitações dos modelos matemáticos e da importância de fatores psicológicos para impulsionar a economia.

A recomendação de Keynes de que os governos deveriam aumentar os gastos durante tempos de recessão estava nitidamente em conflito com a visão convencional de que a prioridade era restaurar o equilíbrio do quadro financeiro geral. Aquilo poderia fazer sentido no que dissesse respeito a um indivíduo, mas não no nível macroeconômico de um país como um todo.

O LONGO PRAZO

A economia keynesiana, como ficou conhecida, também contradizia a ideia neoclássica de que os economistas deveriam se ocupar com o equilíbrio de longo prazo, resumido pela metáfora de John Bates Clark de um oceano estável em que as recessões são apenas aberrações menores e temporárias.

Pelo contrário, a economia deveria ser ativamente gerenciada durante as recessões para manter a relação correta entre emprego, consumo e investimento (embora esse gerenciamento pudesse ser moderado quando a economia estivesse funcionando sem percalços).

O *NEW DEAL*

As ideias de Keynes foram controversas quando surgiram, mas influenciaram, ou pelos menos ajudaram a justificar, o programa *New Deal*, do presidente Roosevelt, de trabalhos públicos destinados a ajudar a alavancar os Estados Unidos para fora da recessão.

Os economistas tiveram um papel importante nos esforços de guerra, em particular ao usarem a contabilidade dos rendimentos nacionais para planejar a enorme expansão do aprovisionamento militar, enquanto controlavam a inflação. Esse esforço foi liderado nos Estados Unidos por **Simon Kuznets** (1901 – 1985).

NOVA ORDEM MUNDIAL

Em 1944, a Conferência de Bretton Woods viu a formação do Fundo Monetário Internacional e do Banco Mundial, com o padrão do ouro no qual as taxas de câmbio das moedas mais importantes foram fixadas de acordo com o preço do ouro.

Essas instituições, que foram formatadas em sua grande parte por Keynes, iriam ter um papel importante na ordem econômica relativamente estável que surgiu depois da II Guerra Mundial. Foram para seus quadros muitos economistas e estatísticos que haviam sido treinados durante a guerra.

O CICLO DE NEGÓCIOS

Embora as ideias de Keynes tenham dominado a economia do pós--guerra, sua interpretação dos crescimentos e quedas financeiros, e de como administrá-los, não foi a única oferecida.

Como discutido antes, Marx tinha uma teoria dos ciclos de negócios, com um período que ele estimou em mais ou menos 10 anos. William Stanley Jevons acreditava que os ciclos eram controlados pelas manchas solares.

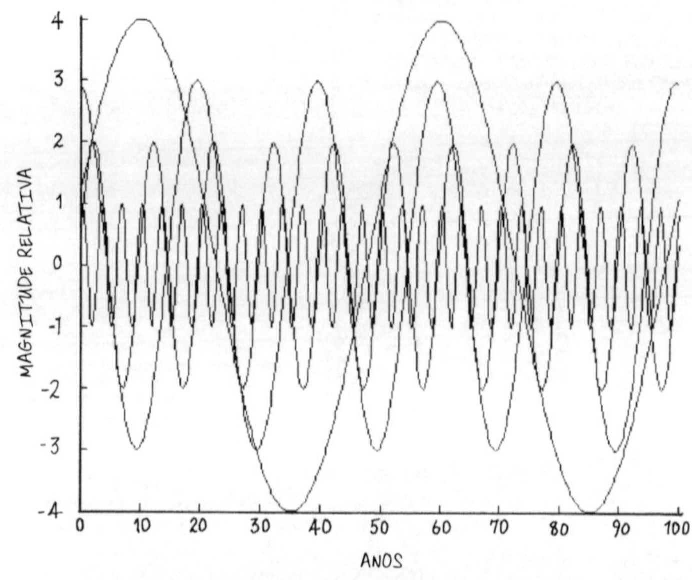

Representação gráfica dos vários ciclos de negócios sobrepostas, geradas utilizando ondas senoidais sobrepostas com diferentes períodos, para corresponder a diferentes ciclos. As ondas nesse gráfico correspondem a ciclos de 40 meses, 10 anos, 20 anos e 50 anos. O gráfico na página 123 é a soma de todas essas ondas.

O economista francês **Clément Juglar** (1819 – 1905) defendeu ciclos de investimento em períodos de 8 a 10 anos. Nos anos 1920, **Joseph Kitchin** (1861 – 1932) identificou ciclos mais curtos de cerca de 40 meses, correspondendo ao tempo necessário para as firmas desenvolverem um inventário.

SUPERCICLOS

Alguns economistas pensaram que também podiam ver ciclos longos nos dados: existia o ciclo de investimento estrutural de Kuznets, com períodos de 15 a 25 anos, e a onda tecnológica de Kondratiev, que correspondia a padrões históricos de expansão e retração, com um ciclo de 45 a 60 anos.

Em seu livro de 1939, *Ciclos Econômicos*, o economista **Joseph Schumpeter** (1883 – 1950), da Escola Austríaca, propôs que as flutuações econômicas poderiam ser descritas como uma composição de todos esses diferentes ciclos.

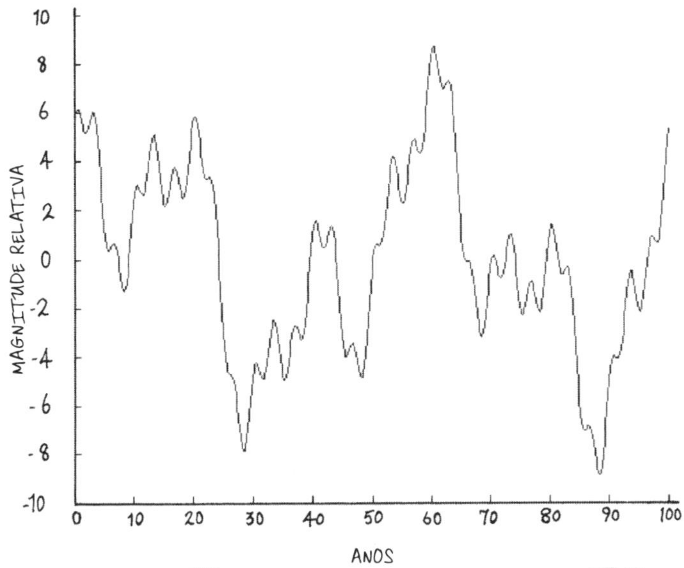

Se as sequências entram em fase uma com a outra, como fizeram entre 1930 – 1931, o resultado poderia ser uma crise catastrófica (hoje em dia, no entanto, a maioria dos economistas concordaria com Irving Fisher, que acreditava que os ciclos regulares eram uma ilusão estatística).

DESTRUIÇÃO CRIATIVA

Do mesmo modo que os economistas neoclássicos, Schumpeter via essas ondas como perturbações a um equilíbrio walsariano subjacente (ele descreveu Léon Walras como "o maior entre todos os economistas" e seu sistema como a "Carta Magna da teoria econômica").

Schumpeter afirmou que, em equilíbrio, as forças competitivas iriam empurrar os lucros para baixo até zero; portanto, os investimentos iriam secar. O agente que perturba o equilíbrio, e conduz tanto a criação de lucro quanto a fase de desenvolvimento dos ciclos econômicos, é o empreendedor – a pessoa talentosa que surge com ideias de negócios brilhantemente inovadoras.

Portanto, os ciclos de negócios eram uma característica interna ou endógena da economia, um exemplo da ordem espontânea de Menger.

HAYEK E A IMPOSSIBILIDADE DE CÁLCULO

Friedrich von Hayek (1899 – 1992), que estava locado na London School of Economics e, mais tarde, na University of Chicago, discordava tanto de Schumpeter quanto de Keynes, pois ele acreditava que os ciclos de negócios não eram endógenos, mas, pelo contrário, causados por um desacordo entre a taxa de juros "natural" e a taxa atual efetiva.

Se o governo baixasse a taxa de juros artificialmente, então ele poderia ajudar a sustentar uma alta, mas ele também criaria uma recessão pior ainda, no final. O problema principal era de possibilidade de cálculo: a economia era complexa demais para prognosticar a seu respeito.

A INFLUÊNCIA DE HAYEK

Embora Hayek fosse menos influente em seu tempo do que Keynes, sua obra teve um impacto duradouro na economia tanto quanto Milton Friedman (veja p. 136). Posteriormente, ele também inspirou políticos como Margaret Thatcher, que, em uma reunião do Partido Conservador, levantou uma cópia da *The Constitution of Liberty* (1960) e anunciou:

Enquanto isso, outros economistas estavam encontrando modos de tornar as ideias keynesianas consistentes matematicamente com a análise neoclássica predominante. O resultado de seu trabalho se tornou conhecido como **síntese neoclássica**.

A SÍNTESE NEOCLÁSSICA

Um elemento essencial da síntese neoclássica foi o modelo IS-LM, obtido pelo economista britânico **John Hicks** (1904 – 1989) e outros, que tentou resumir a economia keynesiana em um único diagrama.

A figura é análoga àquela da oferta e procura (veja p. 85), porém, em vez de preço *versus* quantidade, ela mostra taxa de juros *versus* produção (ou seja, PIB).

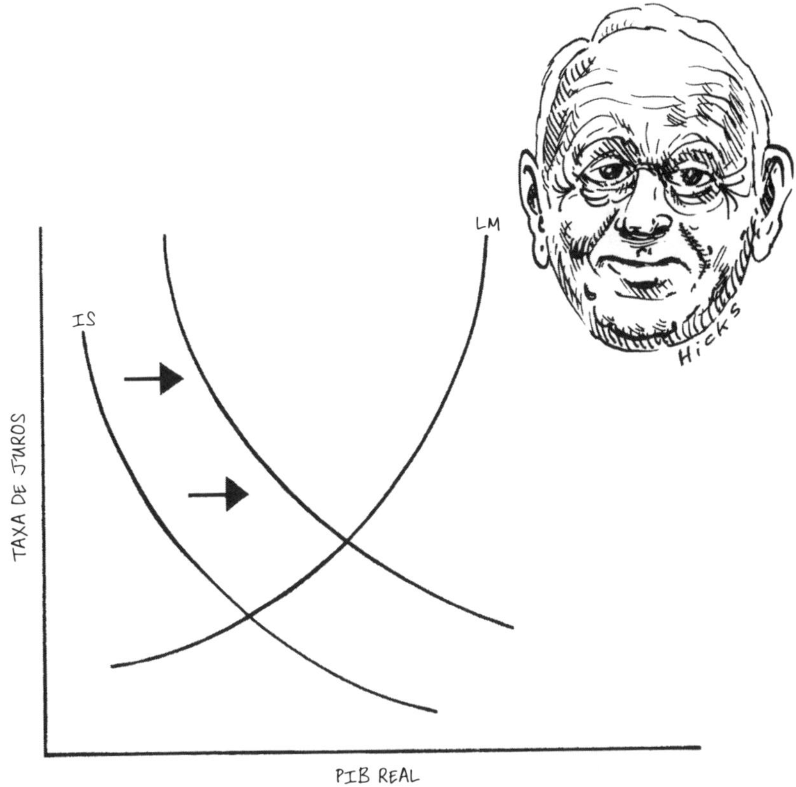

A curva LM (para liquidez e estoque de moeda) mostra pontos que equilibram os mercados de moeda, enquanto a curva IS mostra pontos que equilibram os investimentos com poupança. A intersecção das duas curvas representa o equilíbrio estável da economia. Um aumento no gasto do governo tem o efeito de movimentar a curva IS para a direita, de modo que o equilíbrio da produção também é mais alto, exatamente como disse Keynes.

A CURVA DE PHILLIPS

O modelo IS-LM foi expandido pela curva de Phillips, nomeada em homenagem ao economista, nascido na Nova Zelândia, **A. W. Phillips** (1914 – 1975). Essa foi uma curva obtida empiricamente, que parecia mostrar que o desemprego e a inflação tinham relação inversa. Baixo desemprego – que pode ser visto como uma diminuição do trabalho – foi associado à inflação, causada por um preço mais alto para o trabalho. A curva foi rapidamente adotada por planejadores de governo como uma ferramenta de políticas para ajudar a evitar os extremos de desemprego alto e inflação alta.

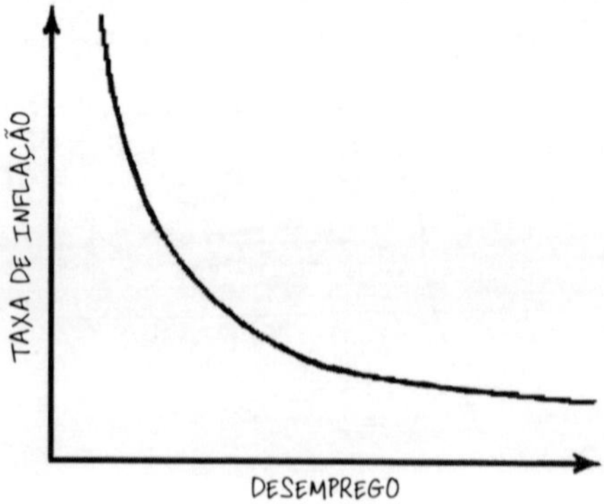

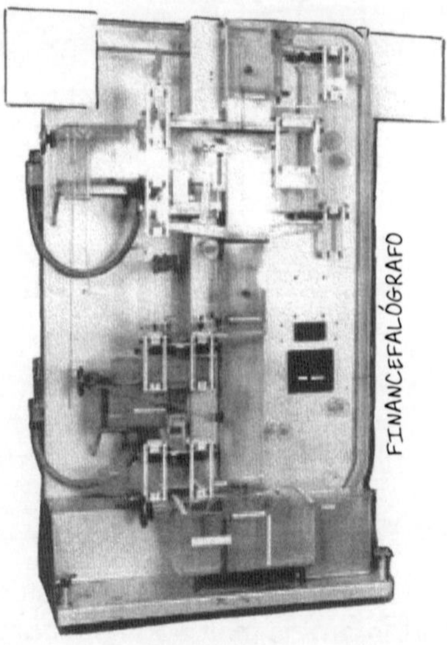

Phillips, que estudou engenharia, também é famoso pelo financefalógrafo, um modelo físico da economia britânica em que o fluxo de moeda entre os vários setores é representado por água colorida passando por um sistema de tubos.

PAUL SAMUELSON

O modelo IS-LM foi popularizado pelo economista americano **Paul Samuelson** (1915 – 2009), que o incorporou a seu manual líder de vendas, *Economia* (publicado pela primeira vez em 1948), que já vendeu mais de 4 milhões de cópias.

O objetivo de Samuelson foi expressar a essência das teorias econômicas em uma estrutura matemática consistente, baseada em dois princípios relacionados: maximização e equilíbrio.

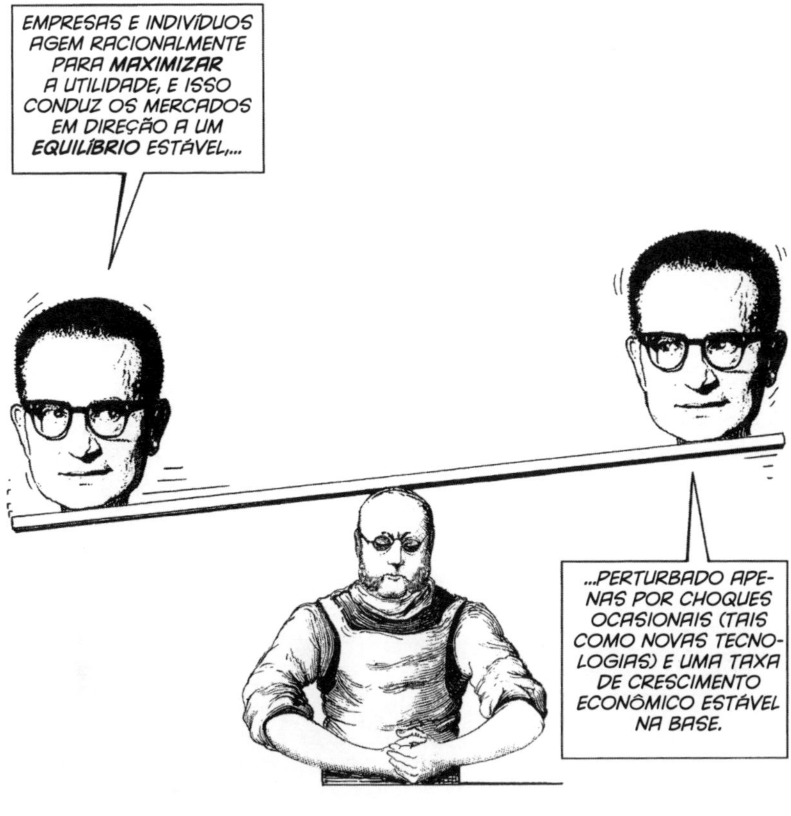

A imagem IS-LM foi um modo de ampliar essas ideias para a macroeconomia keynesiana – a economia de um país, região ou do mundo como um todo. Embora a imagem capturasse parte do argumento keynesiano, por outro lado ela também o simplificava enormemente.

KEYNESIANISMO BASTARDO

O modelo IS-LM tomou como certo que os mercados estão ou em um equilíbrio estável ou perto dele, enquanto Keynes via a economia como passando por alterações de humor esporádicas. O modelo também ignorou muitas das ligações complexas e incertas na economia, por exemplo, ao pressupor que as curvas IS e LM são independentes, quando, de fato, elas podem estar relacionadas intimamente.

A economista inglesa **Joan Robinson** (1903 – 1983) chamou de forma memorável a síntese neoclássica de "keynesianismo bastardo", pelo modo como ele esterilizou efetivamente aquelas ideias de Keynes que não se encaixavam facilmente na corrente neoclássica predominante.

PERDENDO A INCERTEZA DE VISTA

Outro aspecto da obra de Keynes que seria perdido na limpeza foi seu ceticismo em relação aos modelos matemáticos e sua ênfase na incerteza.

Em vez disso, a economia do pós-guerra estava cada vez mais dominada pelo uso de modelos matemáticos complicados. Essa prática teve um efeito no tipo de questões que os economistas formulavam. Questões como a justiça social, que haviam preocupado economistas clássicos como John Stuart Mill, mas eram difíceis de quantificar, foram retiradas do objetivo final.

O MODELO ARROW-DEBREU

O exemplo final dessa corrente em direção à maior matematização foi o modelo Arrow-Debreu, criado por **Kenneth Arrow** (n. 1921) e **Gérard Debreu** (1921 – 2004), nos anos 1950. Ele demonstrava, finalmente, que a conjectura de Léon Walras, que idealizou a economia de mercado, teria um equilíbrio.

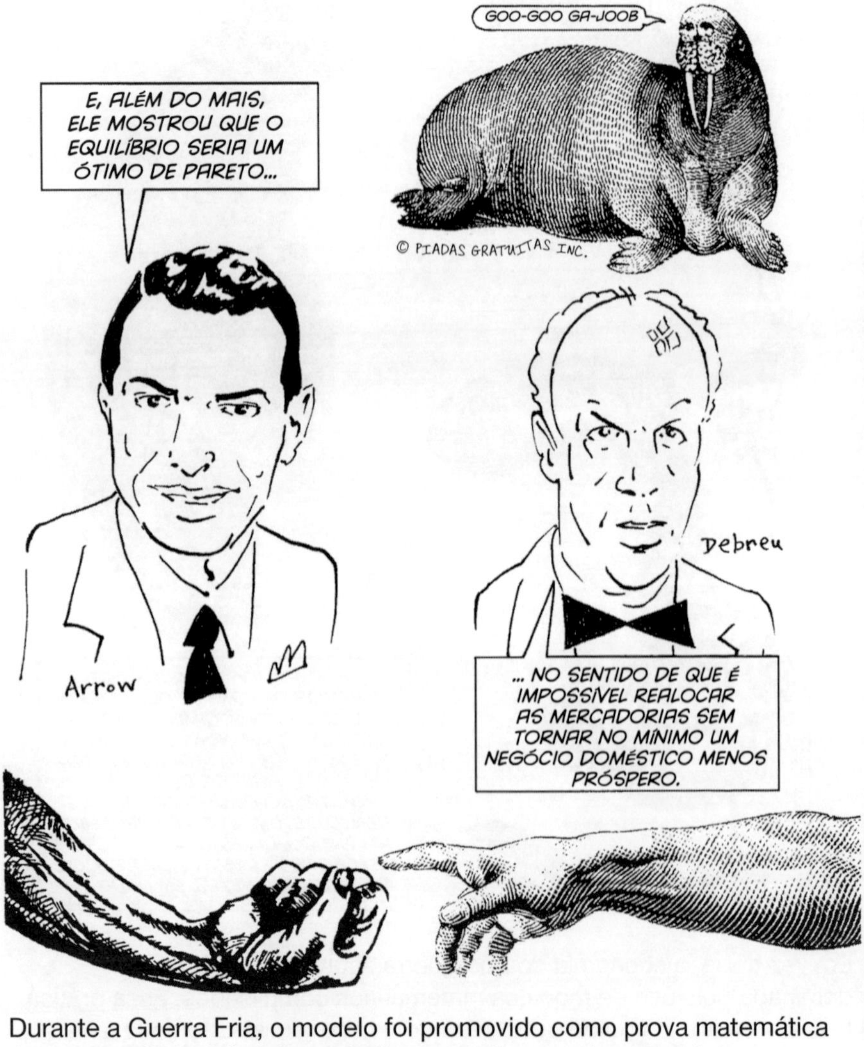

Durante a Guerra Fria, o modelo foi promovido como prova matemática de que a mão invisível do capitalismo, e não o punho estatal do comunismo, era o melhor guia para organizar a sociedade.

LISTA DE COMPRAS

Os componentes básicos do modelo Arrow-Debreu são listas de mercadorias, empresas e lares. Cada empresa tem um conjunto de processos de produção que descreve como a empresa produz ou consome mercadorias, e cada lar tem um plano de consumo que reflete suas preferências entre as mercadorias disponíveis (pressupõe-se que as preferências permanecem fixas).

Dado um particular conjunto de preços, o modelo computa o melhor plano de consumo para os lares, e o melhor processo de produção para as empresas. A partir deles o modelo determina a demanda total pelos produtos disponíveis a um preço especificado, e também o estoque total das empresas.

FUTURO PERFEITO

A façanha de Arrow e Debreu foi provar que existe um conjunto de preços em equilíbrio ótimo de Pareto em que a demanda e o estoque se equilibram.

Para realizar esse feito, entretanto, o modelo teve de criar muitos pressupostos, os quais incluíram a competição perfeita, o conhecimento perfeito dos participantes do mercado e custos de transações insignificantes. Mas a presunção mais forte foi de que os participantes do mercado poderiam planejar o consumo racionalmente, de modo a maximizar sua utilidade, mesmo no futuro.

A JOIA NA COROA

Essa habilidade semelhante à de Apolo para visualizar o futuro, obviamente, foi muito irrealista. Como Keynes havia ressaltado, nosso nível de previsão é, no mínimo, frágil.

Mesmo assim, o modelo Arrow-Debreu criou o padrão para o modelo matemático em economia, e logo se tornou conhecido como a joia na coroa da economia neoclássica.

Ele também pavimentou o caminho para o desenvolvimento de modelos de Equilíbrio Geral Computáveis (EGC) maiores, que ainda são usados por criadores de políticas. Eles são similares, em princípio, ao modelo Arrow-Debreu, mas são versões simplificadas, no sentido de agregarem grandes grupos de consumidores e outros setores da economia. De novo, eles pressupõem um equilíbrio subjacente, comportamento de maximização racional de utilidade, e por aí vai.

MILTON FRIEDMAN

Os pressupostos por trás do modelo neoclássico têm sido questionados há muito tempo por economistas como Thorstein Veblen, o qual ridicularizou a ideia do homem econômico racional, a qual afirmava que muitos aspectos do comportamento social, como o consumo conspícuo, eram baseados em irracionalidade profundamente enraizada.

Entretanto, o economista **Milton Friedman** (1912 – 2006) defendeu os pressupostos neoclássicos ao afirmar que o que conta é se uma teoria pode ou não fazer previsões precisas.

MONETARISMO

Friedman foi o líder da Escola de Economia de Chicago, localizada na University of Chicago, e é considerado por muitos o economista mais influente da última metade do século XX. Talvez, sua principal contribuição para o pensamento econômico esteja relacionada a sua obra sobre o **monetarismo**. Essa teoria é baseada na equação de Fisher: o estoque de moeda vezes a velocidade iguala o nível de preços vezes os negócios (o que, por sua vez, é igual ao PIB). Friedman afirmou que a velocidade é essencialmente constante, e o excesso de estoque de moeda irá se alimentar diretamente do nível de preço.

O papel dos governos de controlar a economia, portanto, deveria ser limitado a assegurar que o estoque de moeda siga diretamente o PIB.

ESTAGFLAÇÃO

Portanto, a posição de Friedman contrastava com a de Keynes, que acreditava que a **política fiscal** (ou seja, gastar dinheiro do governo) era necessária para combater a recessão.

Friedman pareceu ter sido justificado pelo surgimento da estagflação em países industrializados, nos anos 1970. Essa foi uma combinação sem precedentes de desemprego alto com inflação alta, o que contradisse a curva de Phillips e desafiou o tratamento keynesiano. Nos Estados Unidos, o assim chamado índice de miséria – a soma de desemprego e taxas de inflação – chegou a 21%.

Friedman e outros colocaram a culpa pela bagunça nas políticas keynesianas.

LENTO E CONSTANTE

De acordo com os monetaristas, o governo não podia controlar a economia nos mínimos detalhes com sucesso, porque as pessoas adaptariam seu comportamento de um modo que iria neutralizar esse esforço.

Se o governo tentar centralizar a economia durante uma recessão, digamos, pelo mecanismo de baixar as taxas de juros, então os trabalhadores sabem por experiência que ao longo do tempo esse barateamento da moeda irá levar à inflação.

A única curva de longa duração era o governo forçar uma política monetária severa e consistente, com o estoque de moeda aumentando em uma taxa constante no mesmo ritmo do crescimento econômico de longo prazo.

DESEMPREGO NATURAL

Consequentemente, Friedman lutou para substituir a intervenção ativa do governo – que requeria escolhas políticas subjetivas sobre como e onde gastar dinheiro – por uma abordagem imparcial, apolítica e tecnocrática.

Friedman também afirmou que existe uma taxa “natural” de desemprego. Tentativas de removê-la simplesmente estimulariam a inflação.

A ABORDAGEM DE CHICAGO

A Escola de Economia de Chicago, liderada por Friedman, ficou famosa por sua ideologia de livre mercado, oposição a impostos e antipatia visceral por governos fortes. Regulamentos eram vistos como imposições ineficientes sobre o mercado. O papel do governo deveria ser limitado a defesa, justiça e legislação básica. A alocação de recursos deveria ser deixada, sempre que possível, para o mercado, não para o Estado.

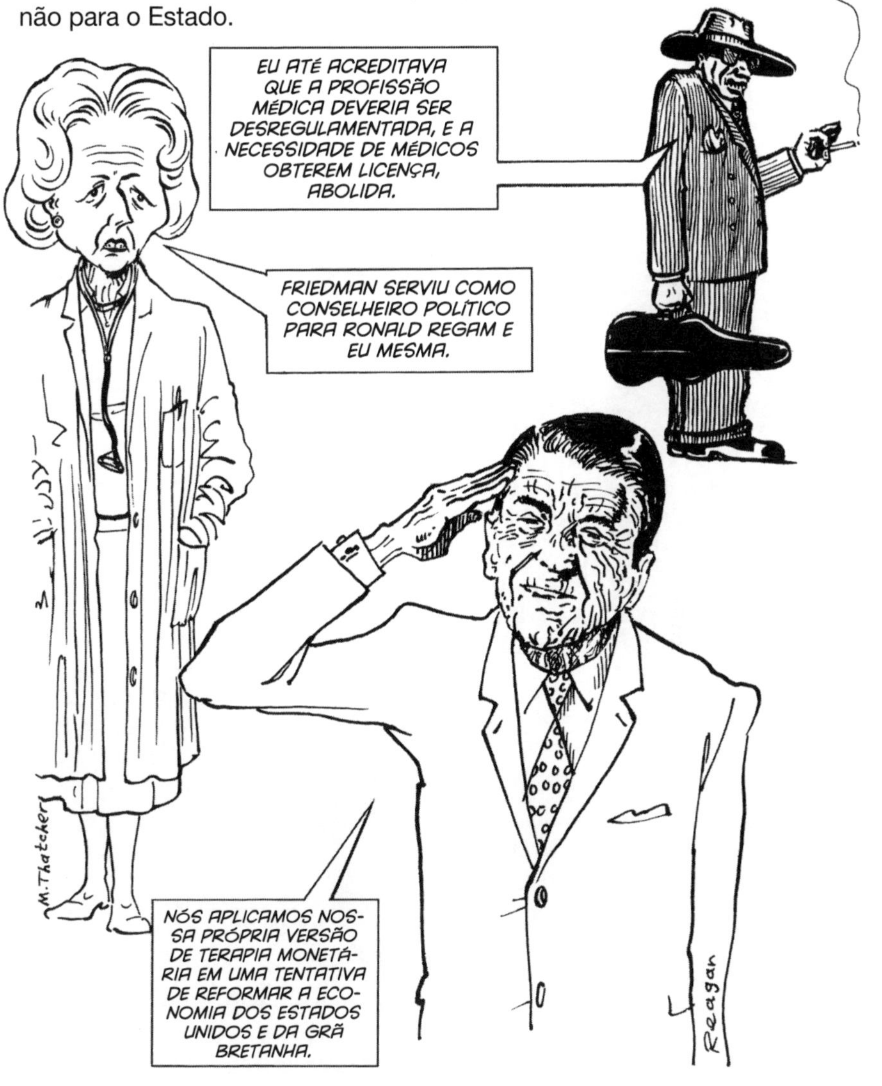

MERCADOS RACIONAIS

Essas políticas monetárias se provaram mal sucedidas para controlar a inflação e o desemprego – a velocidade da moeda se provou mais variável do que o imaginado – e logo foram abandonadas em favor de uma abordagem mais ativa, que combinava ferramentas fiscais e monetárias. Mais tarde, Friedman também se distanciou do monetarismo.

O OLHO QUE TUDO VÊ ATRÁS DA MOEDA DE UM DÓLAR AMERICANO.

Esses revezes não impediram que a economia se tornasse dominada pelos paradigmas das "expectativas racionais" e dos "mercados eficientes" da Escola de Chicago. O primeiro afirmava que as expectativas das pessoas para o futuro são, em média, corretas. O segundo ia mais longe ainda, e transformou os mercados financeiros em um tipo de deus que tudo vê.

MODELO PERFEITO

A teoria das expectativas racionais foi defendida por **Robert Lucas** (n. 1937). De acordo com sua teoria, as pessoas não são apenas racionais, mas também têm um modelo mental perfeito da economia, no sentido de que elas não cometem erros sistemáticos. Os mercados têm de estar em equilíbrio, porque o desequilíbrio pode ser causado apenas por comportamento irracional.

Essas ideias também poderiam ser estendidas para outras áreas. Por exemplo, **Gary Becker** (n. 1930) afirmou que os criminosos cometem crimes porque eles arriscam os benefícios do crime diante dos perigos de serem pegos.

MERCADOS EFICIENTES

A hipótese do mercado eficiente foi proposta em 1965 por **Eugene Fama** (n. 1932). Ecoando William Stanley Jevons (veja p. 86-91), Fama definiu um mercado eficiente como:

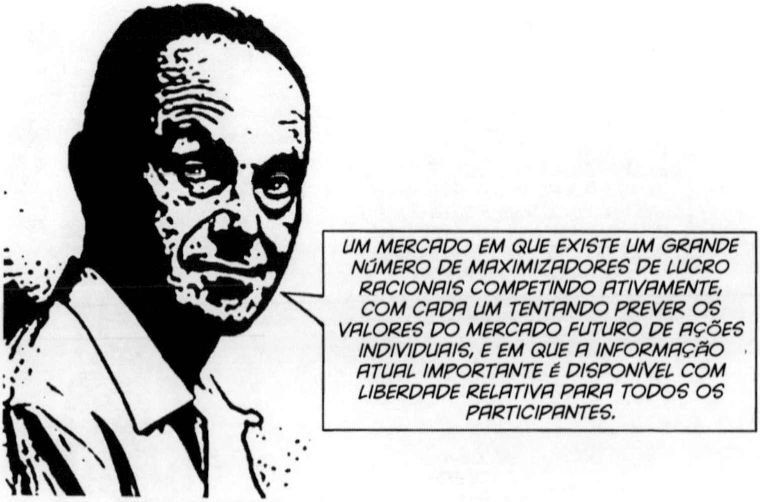

Sob essas condições – ele afirmou – o preço de mercado para um ativo iria automaticamente se ajustar para refletir seu "valor intrínseco". Qualquer desvio seria pequeno e aleatório. Conclui-se que, em um mercado eficiente, nenhum investidor pode explorar discrepâncias de preço baseadas em análise fundamental ou qualquer outro método.

ASTROLOGIA ECONÔMICA

A ideia de que os preços de mercado variam aleatoriamente em torno de um equilíbrio remonta a uma tese de Ph.D de 1900, "Théorie de la spéculation", pelo matemático francês **Louis Bachelier** (1870 – 1946). Fama a apoiou com dados estatísticos, que pareciam mostrar que os movimentos de preços seguiam um "passeio aleatório" inerentemente imprevisível.

Era impossível escolher títulos vencedores pela análise dos atributos de diferentes empresas, porque – ele afirmava – todas as informações necessárias já tinham sido avaliadas pelo mercado.

PREVISÃO RUIM

Enquanto a hipótese do mercado eficiente ajudava a explicar por que os selecionadores de ações falharam em suas escolhas, ela também forneceu um grau de cobertura para os economistas. Desde a II Guerra Mundial, haviam sido colocados esforços e recursos imensos no desenvolvimento de modelos matemáticos sofisticados, tais como os modelos de EGC.

A disponibilidade de computadores mais rápidos nos anos 1970, juntamente com quantidades crescentes de dados econômicos, significou que esses modelos rivalizaram com os usados por previsores de tempo em tamanho e complexidade.

A DISTRIBUIÇÃO NORMAL

O histórico medíocre das previsões econômicas era consistente com a ideia de que os mercados são eficientes e, portanto, imprevisíveis, como dissera Fama.

Contudo, embora a hipótese do mercado eficiente descartasse previsões precisas das movimentações diárias do mercado, os economistas ainda podiam, em princípio, calcular a probabilidade estatística dos movimentos de preços a partir de certa quantidade.

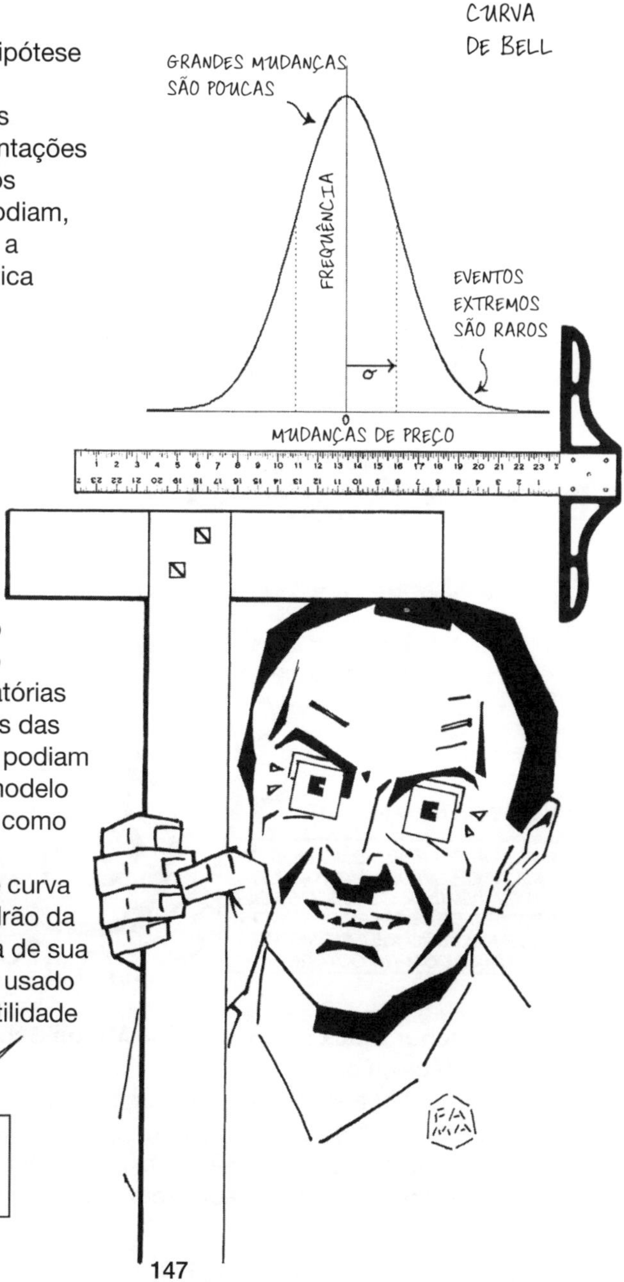

Acompanhando a definição de Fama de um mercado eficiente, as mudanças de preços de ativos no decorrer do tempo foram supostas como sendo pequenas, aleatórias e independentes umas das outras. Portanto, elas podiam ser modeladas pelo modelo estatístico conhecido como **distribuição normal*** (também chamada de curva de Bell). O desvio padrão da curva, que é a medida de sua extensão, poderia ser usado para expressar a volatilidade do ativo.

* *A PALAVRA "NORMAL" VEM DO LATIM PARA "RÉGUA T".

ENGENHARIA FINANCEIRA

Porque os ativos voláteis como ações são mais arriscados para manter, em princípio, do que ativos menos voláteis como dinheiro físico, o desvio padrão forneceu um método para quantificar – e, consequentemente, controlar – o risco. Nascia o campo da engenharia financeira.

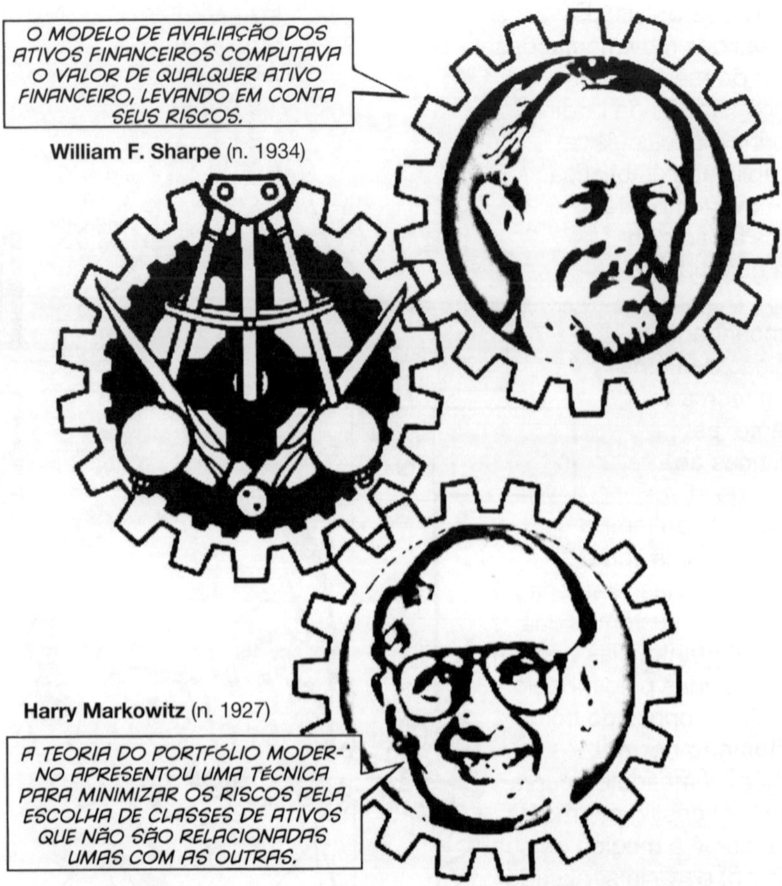

Em 1973, **Fischer Black** (1938 – 1995) e **Myron Scholes** (n. 1941) criaram uma técnica para calcular os preços de opções – "derivativos" financeiros que dão a alguém o direito de comprar ou vender um título por um preço fixo em algum tempo futuro. A habilidade de atribuir preços a derivativos com consistência expandiu enormemente seu uso – algumas vezes de modo desestabilizador, como durante a crise de 2008 dos créditos de risco (p. 169).

O PRÊMIO DO BANCO DA SUÉCIA

A legitimidade da economia como uma ciência quantitativa avançou ainda mais em 1969, quando o Banco Nacional da Suécia criou o "Sveriges Riksbank Prize em Ciências Econômicas em Memoria a Alfred Nobel". Logo ele se tornou conhecido como Prêmio Nobel de Economia. Os ganhadores incluiriam Paul Samuelson, John Hicks, Kenneth Arrow, Friedrich von Hayek, Simon Kuznets, Milton Friedman, Gérard Debreu, Robert Lucas, Gary Becker, William F. Sharpe, Harry Markowitz e Myron Scholes.

O uso póstumo do nome de Alfred Nobel se provou controverso. Agora, ele é cada vez mais conhecido como Prêmio do Banco da Suécia.

Descendente de Alfred Nobel, Peter Nobel, 2004.

AS MISSÕES APOLO

Os economistas estavam começando a acreditar que o crescimento da economia poderia ser previsto e controlado usando equações, do mesmo modo que os engenheiros podiam controlar o voo de um foguete à lua. A economia se tornou uma indústria crescente, uma vez que a procura por governos, empresas privadas e instituições como o Banco Mundial e o Fundo Monetário Internacional explodiram.

O período também foi o ponto alto da Guerra Fria. A derrota da Rússia na corrida para a lua simbolizou o triunfo do capitalismo sobre o comunismo.

ECONOMIA MODELO

A economia também estava se tornando cada vez mais abstrata e matemática. O comportamento humano podia ser compreendido por uma “teoria do jogo” baseada em escolha racional.

Os economistas clássicos haviam enfatizados três fontes de riqueza – a terra, o trabalho e o capital – com todas as suas implicações políticas e de classe; mas, agora, os economistas estavam mais e mais focados nos últimos dois, e a terra foi jogada para fora da lista. A ingenuidade humana e a tecnologia sempre podiam fornecer um substituto, afinal.

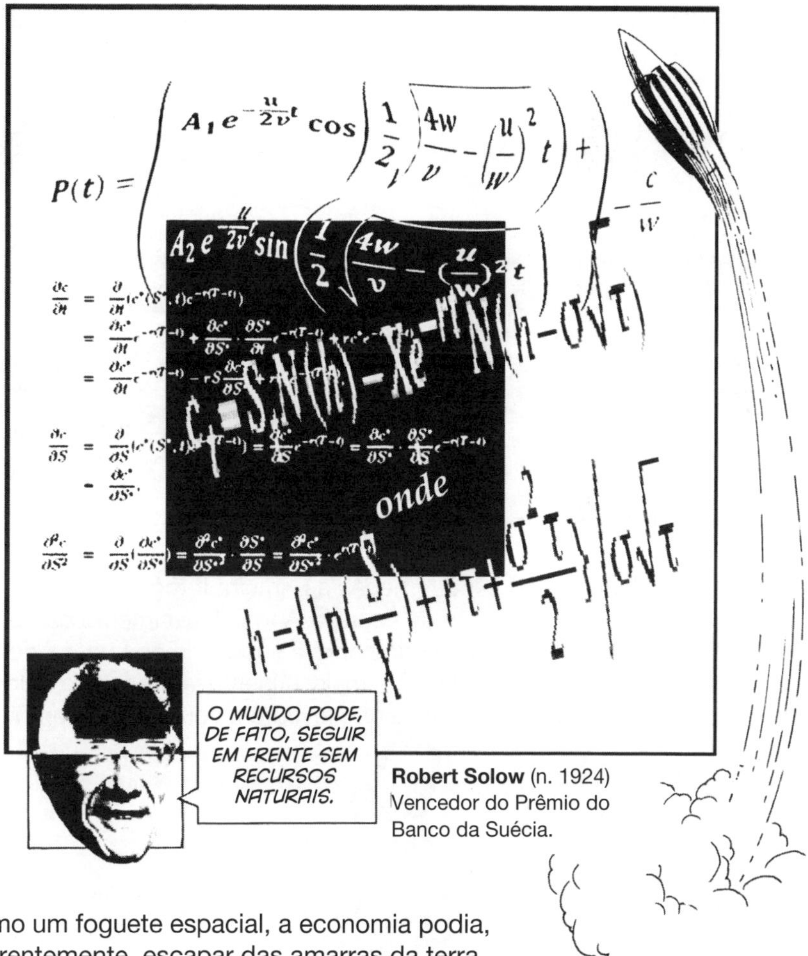

Robert Solow (n. 1924)
Vencedor do Prêmio do Banco da Suécia.

Como um foguete espacial, a economia podia, aparentemente, escapar das amarras da terra.

NASCER DA TERRA

A missão da Apolo 8 em 1968 forneceu a primeira fotografia de todo o globo vista contra a escuridão do espaço. A foto "nascimento da Terra", com a imagem do planeta surgindo sobre a superfície da Lua, foi descrita como a fotografia de meio ambiente mais influente já tirada. Ela ajudou a inspirar um novo tipo de economia que levou em conta o meio ambiente.

ASTRONAUTA JAMES LOVELL

ESPAÇONAVE TERRA

Em seu ensaio de 1966 "The Economics of the Coming Spaceship Earth", **Kenneth Boulding** (1910 – 1993) imaginou a Terra como "uma simples espaçonave, sem reservas ilimitadas de nada, nem para a extração de poluição". Ele afirmou que os economistas convencionais ainda pensavam em termos de uma "economia de caubói".

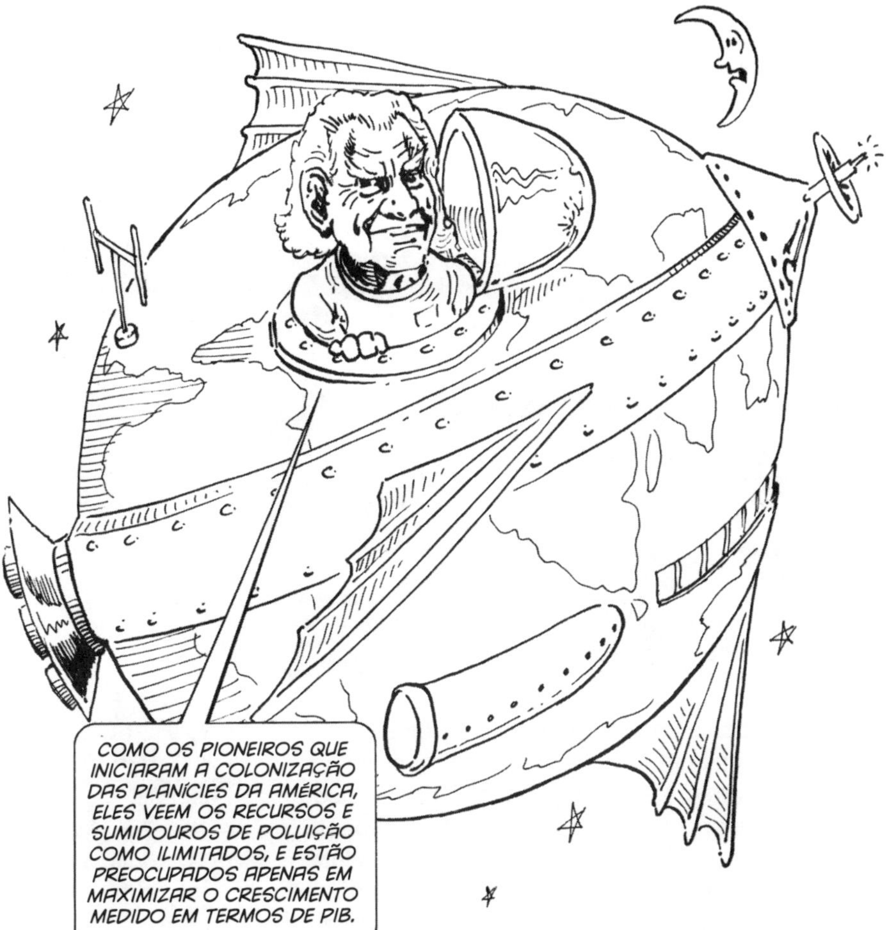

Em um mundo com recursos limitados, essa era uma política perigosa, como o Reverendo Malthus havia ressaltado aproximadamente 200 anos antes. Boulding recomendou uma série de melhorias, inclusive substituir o PIB por medidas que contabilizassem a perda dos recursos e o dano ambiental.

NICHOLAS GEORGESCU-ROEGEN

O matemático e economista nascido na Romênia **Nicholas Georgescu-Roegen** (1906 – 1994) afirmou que a ideia de crescimento econômico contínuo, implícita na economia neoclássica, tinha o mesmo problema que a máquina de movimento perpétuo.

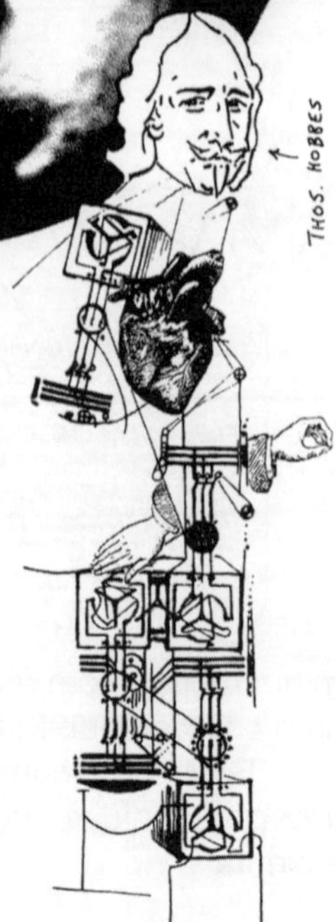

De fato, toda a analogia mecanicista estava errada: "qualquer um que acredite que pode desenhar um projeto para a salvação ecológica da espécie humana não compreende a lei da evolução, ou mesmo a história – que é a da luta permanente em formas continuamente novas, não a de um processo físico-químico previsível e controlável, como cozinhar um ovo ou lançar um foguete para a lua".

CAPITAL NATURAL

A definição econômica de valor teria de levar em conta não apenas o trabalho ou a propriedade humana, mas também o capital natural. De acordo com o protegido de Georgescu-Roegen, **Herman Daly** (n. 1938), muito do que é chamado de crescimento econômico já se tornou dispendioso, uma vez a perda de capital natural tenha sido levada em conta. A solução era ter como meta o que John Stuart Mill havia chamado de economia de estado estacionário: que mantivesse a atividade econômica dentro de limites ecológicos, conservasse recursos para as gerações futuras e focasse em melhorias qualitativas em vez de agregar crescimento em tamanho.

Para controlar o uso de recursos não renováveis como o petróleo, em 1973, Daly propôs um sistema captação-leilão-comércio. Os governos captariam recursos de extração e venderiam os direitos de extração para o licitante que pagasse mais. Com isso ele poderia controlar o índice de consumo desses recursos.

ESTADO ESTACIONÁRIO

Para obter sucesso, uma economia de estado estacionário teria de ser organizada de acordo com princípios diferentes dos de uma economia de crescimento. Os impostos deveriam ter como alvo as coisas "ruins", como poluição, em vez de "boas", como salários. O livre comércio deveria encorajar apenas uma "corrida para a base" em padrões ambientais (a análise de Ricardo do livre comércio, Daly ressaltou, não era mais relevante em uma era em que o capital se movimentava globalmente e poderia se esquivar de regras).

ECONOMIA ECOLÓGICA

A obra de Boulding, Georgescu-Roegen, Daly e outros ajudou a fundar o campo da economia ecológica. Sua ideia central é de que a economia humana deve ser vista como parte de um sistema ecológico maior.

Embora a economia ecológica tenha ganhado popularidade com o movimento ambiental nos anos 1970, suas ideias tiveram apenas impacto marginal na economia predominante. Mas também existiram outros críticos da ortodoxia econômica.

A IGREJA DA ECONOMIA

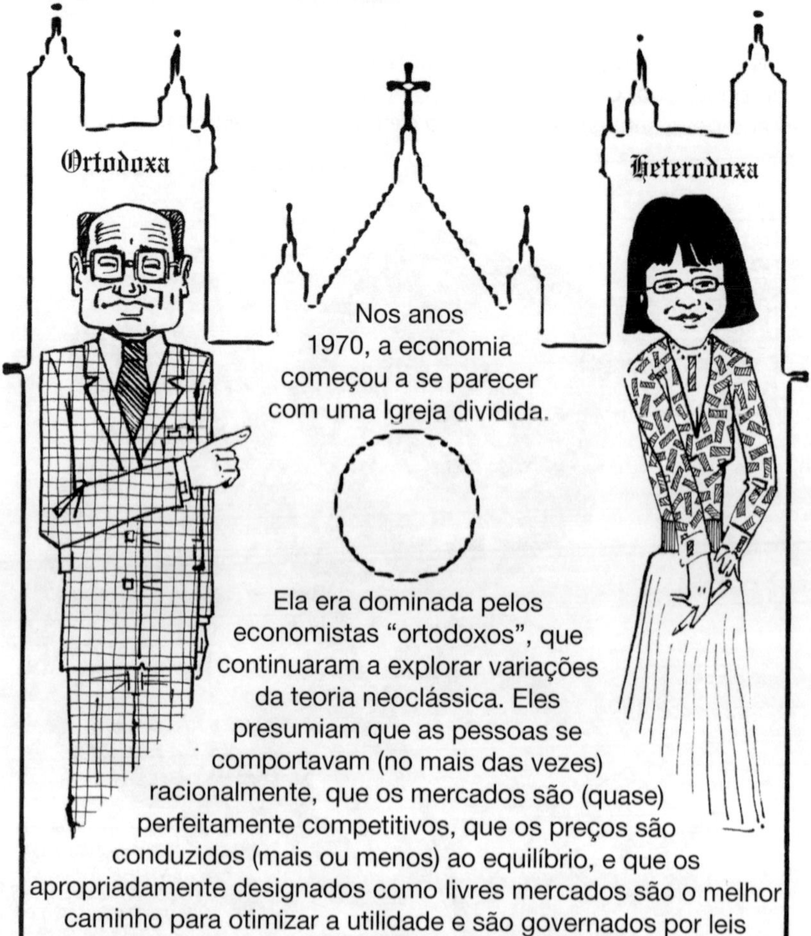

Nos anos 1970, a economia começou a se parecer com uma Igreja dividida.

Ela era dominada pelos economistas "ortodoxos", que continuaram a explorar variações da teoria neoclássica. Eles presumiam que as pessoas se comportavam (no mais das vezes) racionalmente, que os mercados são (quase) perfeitamente competitivos, que os preços são conduzidos (mais ou menos) ao equilíbrio, e que os apropriadamente designados como livres mercados são o melhor caminho para otimizar a utilidade e são governados por leis pseudonewtonianas. Eles tenderam a minimizar a importância de questões relativas ao meio ambiente e à justiça social. Esses economistas ortodoxos tiveram grande influência nas universidades de ponta e instituições financeiras.

Fora desse núcleo predominante estava agrupado – com vários graus de distância – um número de ramos "heterodoxos". Se esse grupo diverso tinha algo em comum era discordar dos pressupostos básicos da economia convencional como articulada pelo economista do governo norte-americano **Lawrence Summers** (n. 1954):

ECONOMIA COMPORTAMENTAL

Iniciando nos anos 1970, os psicólogos israelenses **Daniel Kahneman** (n. 1934) e **Amos Tversky** (1937 – 1996) testaram o modelo de comportamento racional para a destruição, usando técnicas de psicologia cognitiva. Seu trabalho, que deu o pontapé inicial da economia comportamental, revelou muitas situações em que as pessoas agem pouco racionalmente.

Os economistas se referiram a isso como "racionalidade restrita".

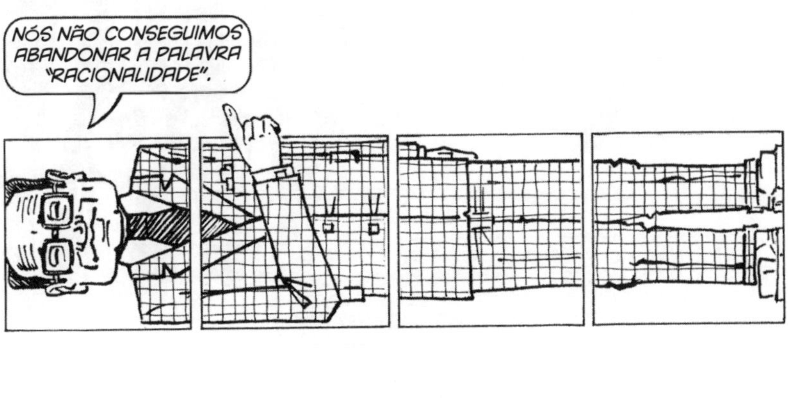

ASSIMETRIA DA INFORMAÇÃO

Os economistas neoclássicos como Jevons presumiram mercados perfeitos, em que um grande número de firmas compete para vender produtos idênticos, e todos têm informações perfeitas. Portanto, eles não focaram no processo de competição, em que o tamanho de uma firma ou sua posição no mercado faz diferença, mas apenas no resultado final estático e idealizado.

Em seu artigo de 1970, “The Market for Lemons”, **George Akerlof** (n. 1940) investigou o que acontece quando nem todos têm acesso à mesma informação.

LEI DO PODER

Embora a economia convencional tenha conseguido acomodar com dificuldade coisas como "racionalidade restrita" ou "informação assimétrica" ajustando seus modelos, foi mais difícil explicar o crescimento das disparidades de riqueza entre os ricos e pobres.

Em *A Teoria dos Sentimentos Morais*, Adam Smith havia afirmado que a mão invisível dos mercados significava que os ricos "dividem com os pobres o produto de toda sua melhoria" de modo justo. Depois, no século XIX, Vilfredo Pareto havia demonstrado a lei 80-20, em que 20% da população detém 80% da riqueza. Mas a partir do início dos anos 1970, o pagamento dos CEO em países ricos decolou enquanto os salários médios estagnaram, e bilhões em todo o mundo lutaram para se alimentar.

Amartya Sen (n. 1933)

A CIÊNCIA DA FELICIDADE

De acordo com a economia neoclássica, a economia era uma máquina para criar o que Francis Edgeworth chamou de "a energia máxima do prazer". Porém, estudos de autorrelatos sobre satisfação na vida mostraram que a máquina de prazer estava falhando, mesmo em países ricos como os Estados Unidos, onde a felicidade atingiu seu pico há algum tempo, nos anos 1950 ou 1960 e, desde então, está em um leve declínio.

Como Thorstein Veblen ressaltou, os recursos são deslocados da satisfação de necessidades genuínas para uma corrida armamentista de consumo conspícuo. De fato, um dos pontos principais dos comerciais e do marketing é tornar as pessoas infelizes com o que elas possuem – para que elas comprem algo novo!

ECONOMIA FEMINISTA

Parte do problema, de acordo com as economistas feministas, foi que a teoria econômica predominante – e em especial a ideia do homem econômico racional – foi baseada em valores "masculinos" estereotipados, tais como competitividade, individualismo e racionalidade.

Uma líder nessa área foi a política e acadêmica neozelandesa **Marilyn Waring** (n. 1952), cujo livro de 1988, *Counting for Nothing* [Contando para nada] mostrou que o PIB deixava de computar uma enorme quantidade de trabalho (em grande parte feminino) não pago, tal como dar à luz os filhos, criá-los e educá-los, cuidar dos frágeis, incapacitados, doentes ou velhos e cuidar da casa.

O MOMENTO MINSKY

Outra presunção básica da economia neoclássica – que, de certo modo, entrava em atrito com a realidade – foi de que a economia é fundamentalmente estável. Mesmo os ciclos de negócios poderiam ser explicados como uma reação racional a choques temporários, tais como inovações tecnológicas, que perturbariam o estado invariável da economia.

Em sua *Hipótese de Instabilidade Financeira*, de 1992, o economista americano **Hyman Minsky** (1919 – 1996) afirmou que, pelo contrário, a economia é propensa a bolhas e colapsos perigosos.

O processo continua até que, por fim, ele atinge um ponto de crise, conhecido agora como o "momento Minsky", quando as dívidas são cobradas e a economia quebra.

PROPENSÃO AO COLAPSO

Existiu uma abundância de evidência histórica para confirmar a declaração de Minsky de que a economia era propensa ao colapso, reportando, no mínimo, à mania holandesa por tulipas em 1637 - quando o preço do bulbo subiu a alturas fabulosas antes de baixar de repente -, ou a bolha dos Mares do Sul que atacou as reservas de aposentadoria de Isaac Newton.

O matemático nascido na França **Benoît Mandelbrot** (1924 - 2010), melhor conhecido por sua obra sobre fractais do que finanças, havia afirmado, desde o início dos anos 1960, que dados econômicos como mudanças de preços não seguem a curva de Bell - como predito pelas hipóteses de mercado eficiente - mas são melhor descritos por uma distribuição de lei da potência, semelhante à dos terremotos (veja p. 96). A maioria das mudanças de preços é pequena, mas um pequeno número de tais mudanças é imenso. Isso significa que as ferramentas de análise de risco baseadas na curva de Bell subavaliam perigosamente a probabilidade de acontecimentos extremos como os colapsos.

SISTEMAS COMPLEXOS

Ao mesmo tempo em que as hipóteses da economia predominante estavam passando por um escrutínio cada vez maior, novas ferramentas que possibilitariam um novo modo de modelar e compreender a economia eram desenvolvidas em outros ramos da ciência. Essas incluíram:

Teoria da rede: estuda os relacionamentos entre objetos em redes complexas, tais como redes sociais, a internet, ou o sistema financeiro.

Dinâmica não linear: estuda como manter *feedback* afeta sistemas dinâmicos como a atmosfera ou uma célula viva. Em vez de estarem em equilíbrio, tais sistemas são mais bem descritos como "bem longe do equilíbrio" no sentido de que seus conteúdos estão sendo constantemente agitados.

Ciência da complexidade: estuda sistemas complexos, caracterizados por "propriedades emergentes", que desafiam previsões e são resistentes a uma abordagem reducionista.

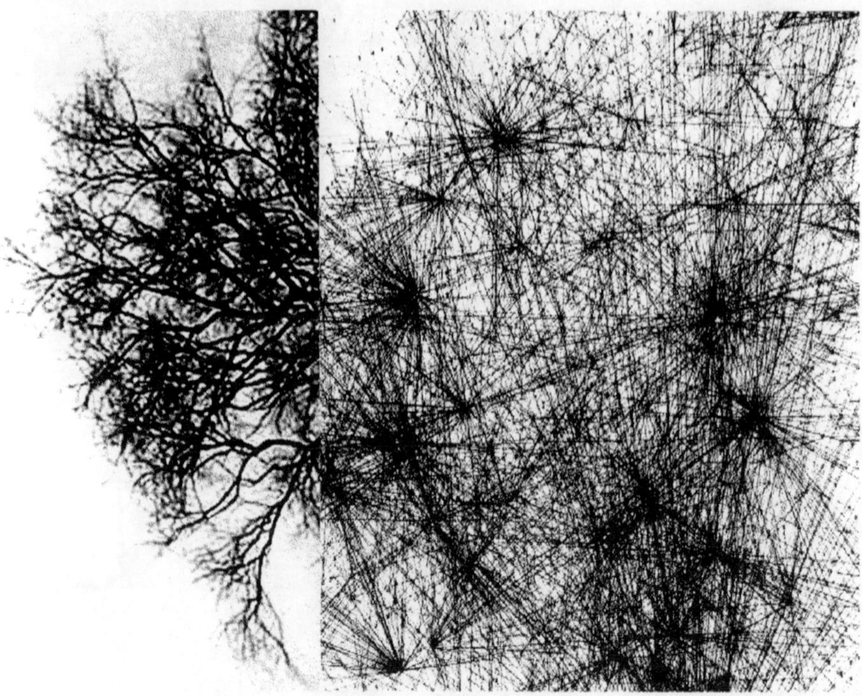

MODELOS BASEADOS EM AGENTES

Os economistas haviam tocado nessas áreas antes – por exemplo, a Escola Austríaca de economistas, que afirmava que a economia é caracterizada pela ordem espontânea ou emergente (veja p. 123-126). Contudo, as novas abordagens computacionais significaram que os cientistas podiam executar simulações detalhadas, que iriam além de simples explicações mecanicistas ou medidas agregadas cruas de oferta, procura, velocidade, e por aí vai.

Um exemplo são os modelos baseados em agentes de um mercado de ações artificial. Aqui, os agentes correspondem a operadores individuais, cujo comportamento é influenciado pelo outro e pela situação do mercado. Simulações podem reproduzir o comportamento da lei da potência emergente de mercados reais e explicar porque a mão invisível tem um caso grave de tremedeira.

A INCERTEZA RESSURGE

O teste definitivo da teoria reducionista tinha sido, tradicionalmente, se uma teoria ou técnica nova conseguia produzir ou não previsões superiores. A lei da gravidade de Newton foi derrubada quando a teoria da relatividade de Einstein se provou mais precisa.

Em ciência de sistemas, a situação é mais complicada. As propriedades de sistemas orgânicos complexos – tais como propriedades emergentes ou *feedbacks* – os tornam inerentemente difíceis de prever. Modelos são vistos apenas como fragmentos imperfeitos.

Vista a partir dessa perspectiva, a ideia de que um homem econômico racional pode mapear seu futuro com precisão, sem mencionar a manutenção de um modelo mental perfeito de toda a economia, começa a parecer menos uma teoria científica do que uma projeção de ideais abstratas – uma versão moderna da Harmonia das Esferas.

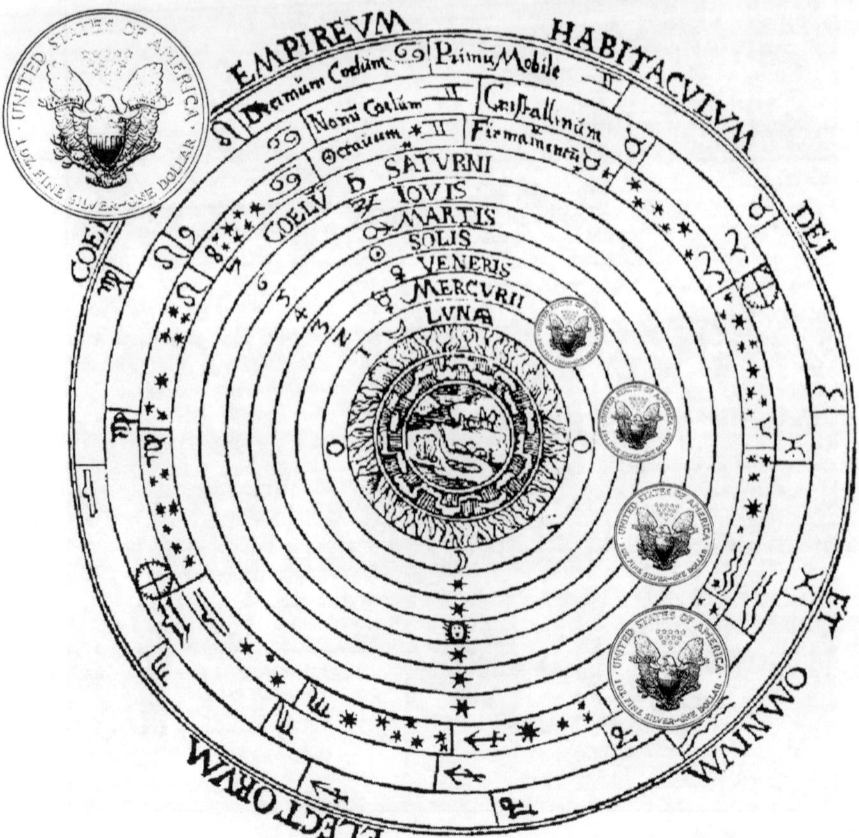

CRÉDITOS DE RISCO

Embora ferramentas como teoria de rede e complexidade estivessem revolucionando outras áreas da ciência, tais como a biologia de sistemas, elas ainda falhavam em penetrar a economia predominante – em parte porque poucos economistas tinham treinamento nos tipos apropriados de matemática.

O ímpeto para a mudança aumentou na crise dos créditos de risco de hipotecas de 2008, que resultou em trilhões de dólares sendo varridos dos mercados de ações globais. Não apenas os modelos matemáticos convencionais falharam em prever a crise – eles também ajudaram a causá-la, ao subestimarem o risco inerente na economia.

A imagem neoclássica da economia como estável, racional e autorreguladora acabou sendo muito enganosa. As pessoas de físicos a administradores de *hedge funds** exigiam uma nova abordagem.

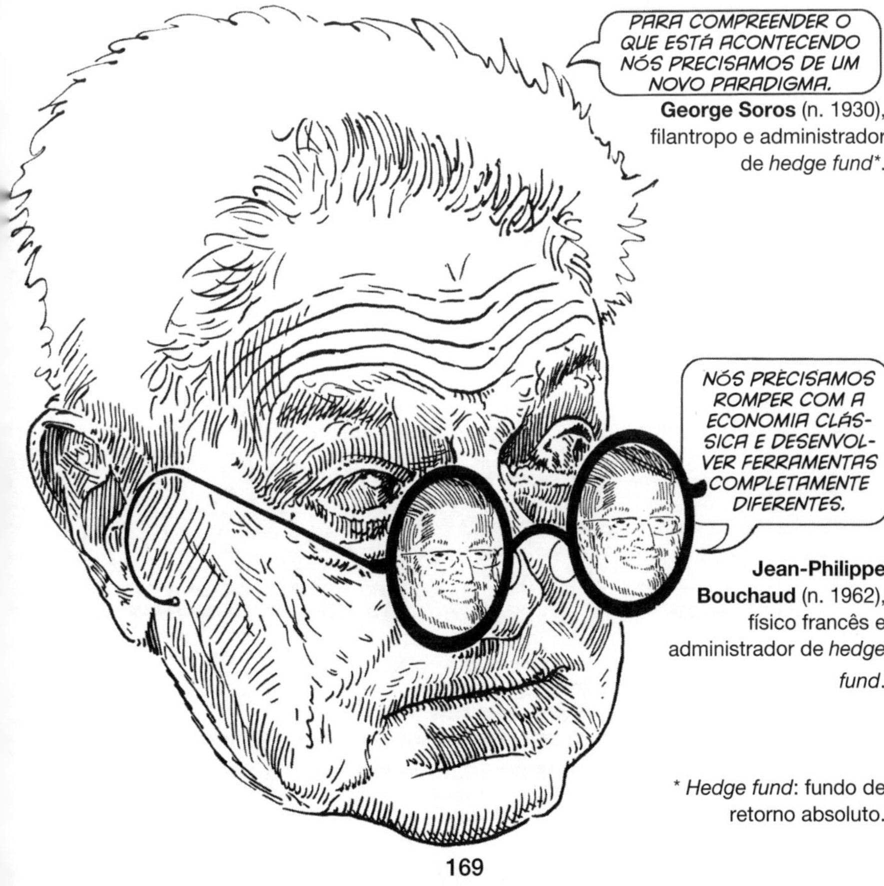

George Soros (n. 1930), filantropo e administrador de *hedge fund**.

Jean-Philippe Bouchaud (n. 1962), físico francês e administrador de *hedge fund*.

* *Hedge fund*: fundo de retorno absoluto.

UMA FALTA DE ÉTICA

Talvez o maior choque vindo da crise dos créditos de risco, pelo menos para o público geral, foi o comportamento exibido por operadores e instituições no mercado financeiro – de corretores de hipotecas, que pressionaram pessoas a assinarem contratos que elas não compreendiam e não podiam esperar honrar, a empresas gigantes de Wall Street como Goldman Sachs, que, em 2010, foram acusadas por reguladores dos Estados Unidos de enganarem investidores.

A ênfase colocada na ética por Aristóteles e os escolásticos havia sido varrida pelo Iluminismo – mas constatou-se que a mão invisível não era um substituto satisfatório.

CIÊNCIA LINEAR

Com frequência, pressupõe-se que a ciência é um processo linear de constante refinamento e melhoria. Até o fim dos anos 1960 a economia podia ser vista assim.

Depois, elas foram expandidas pela síntese neoclássica para fornecer uma descrição autoconsistente completa da economia – e até estendidas como um modelo de comportamento humano para outras áreas da ciência social, tais como criminologia.

ECONOMIA PÓS-PITAGÓRICA

De fato, a teoria econômica predominante pode ser vista como o exemplo final da abordagem mecanicista, reducionista, para um mundo que remete ao tempo de Pitágoras. Os economistas fizeram muito para ajudar a compreender e defender mercados competitivos, direitos individuais e o crescimento econômico.

Mas um novo tipo de economia, que derruba esse paradigma antigo, está emergindo agora. Em vez de analisar o ideal do homem econômico racional, ela considera o comportamento de pessoas reais que estão integradas em redes dinâmicas não lineares.

Em vez de ver a economia como uma competição entre indivíduos desligados por recursos escassos, ela também considera os valores "mais suaves" da conexão e sustentabilidade.

“ECO-NOMIA”

Talvez, como destaque, a nova economia coloca a economia humana em seu contexto mais amplo, como parte do sistema global.

Esta é uma época excitante para a economia.

LEITURAS ADICIONAIS

Roger E. Backhouse, *The Penguin History of Economics*, Penguin (2002).

Eric D. Beinhocker, *Origin of Wealth: Evolution, Compexity, and the Radical Remaking of Economics*, Harvard Business School Press (2006).

Todd Buchholz, *New Ideas from Dead Economists: An Introduction to Modern Economic Thought*, Penguin, edição revisada (1999).

Herman E. Daly, *Beyond Growth: The Economics of Sutainable Development*, Beacon Press (1996).

Robert L. Heilbroner, *The Worldly Philosophers: The Lives, Times, and Ideas of the Great Economic Thinkers*, Penguin, 7ª edição revisada (2000).

Benoît B. Mandelbrot e Richard L. Hudson, *The (Mis) Behaviour of Markets: A Fractal View of Financial Turbulence*, Basic Books (2004).

David Orrell, *Economyths: Tem Ways That Economics Gets It Wrong*, Icon Books (2010).

Steven Pressman, *Fifty Major Economists*, Routledge, 2ª edição (2006).

Agradecimentos

O autor gostaria de agradecer a Norbert Häring, Herman Daly e Beatriz Leon por seus comentários valiosos sobre o texto. Ele dedica o livro a Isabel.

Índice remissivo